Arena-Taschenbuch
Band 2872

Josef Carl Grund (1920–1999)
war lange Zeit als Lehrer tätig, bevor er seinen Beruf
aus gesundheitlichen Gründen aufgeben musste.
Danach widmete er sich ganz dem Schreiben für Kinder
und Jugendliche. Er ist besonders für seine historischen
Jugendbücher bekannt.

Von Josef Carl Grund ist als Arena-Taschenbuch erschienen:
Gefahr für den Pharao (Band 2870)
Zwei Leben für Hannibal (Band 2871)
Feuer am Limes (Band 2873)

Josef Carl Grund

Asche auf Pompeji

Arena

In neuer Rechtschreibung

2. Auflage als Arena-Taschenbuch 2005
Lizenzausgabe des Loewe Verlag GmbH, Bindlach
© 1995 by Loewe Verlag GmbH, Bindlach
Umschlagillustration: Sabine Lochmann
Umschlagtypografie: Agentur Hummel + Lang
Gesamtherstellung: Westermann Druck Zwickau GmbH
ISSN 0518-4002
ISBN 3-401-02872-3
978-3-401-02872-9

www.arena-verlag.de

Inhalt

Zur Sache

Im Jahre 79 n. Chr. verschüttete der Vesuv in einem gewaltigen Ausbruch die Städte Pompeji, Herculaneum und Stabiae, dazu Villen und Gutshöfe in der Umgebung. In Pompeji forderte die Katastrophe mehr als zweitausend Menschenleben.

In meiner Geschichte erzähle ich von Leuten, die durch seltsame Fügung in Pompeji zusammentrafen, wo ihnen der Feuerberg zum Schicksal wurde. Es sind ein römischer Decurio, ein römischer Dichter, eine Frau und zwei Kinder aus Judäa, ein griechischer Junge und ein germanischer Gladiator.

Wie in meinen anderen historischen Erzählungen halte ich mich auch jetzt so weit wie möglich an überlieferte Tatsachen. Sie boten sich hier reichlich an.

Der größte Teil der Stadt Pompeji ist ausgegraben. Die verhärtete vulkanische Asche hat Straßen und Gassen, Ruinen von Tempeln, Palästen, Theatern, Thermen und Häusern konserviert. Viele Statuen, Wandbilder, Mosaiken, Münzen und Gegenstände des täglichen Lebens blieben erhalten. Besonders wertvolle Bilder und Skulpturen wurden nach Neapel gebracht und sind dort im Archäologischen Nationalmuseum ausgestellt.

Sehr wichtig sind erhalten gebliebene Augenzeugenberichte über den Ausbruch des Vulkans. In zwei Briefen schildert der römische Staatsmann und Schriftsteller Plinius der Jüngere (geboren um 61, gestorben um 113) seinem Freund, dem Geschichtsschreiber Tacitus (geboren um 55, gestorben um 120), die Katastrophe von Pompeji und wie sein Onkel, Plinius der Ältere (geboren 23, gestorben 79), dabei ums Leben kam.

Der ältere Plinius war Befehlshaber der römischen Flotte, die am Kap Misenum vor Anker lag. Er wollte den Pompejanern zu Hilfe eilen, starb jedoch an Bord des Admiralschiffes an den giftigen Dämpfen, die dem Krater des Berges entströmten.

In den Briefen werden der Ausbruch des Vulkans, der Stein- und Ascheregen und die Dunkelheit, die sich am hellen Tag auf die Stätten der Verwüstung legte, genau beschrieben.

Die Legende von einem Mann, der Unglück anderer, doch nicht sein eigenes vorhersah, kursiert in Jordanien. Dass ein römischer Dekurio die Kinder eines jüdischen Tempelhauptmanns rettete, wird in Ägypten erzählt. So kam ich auf Marius Corvus, Frau Esther, das Mädchen Lea und den frechen Amos. Dass in der Werkstätte eines Griechen römische Legionärsstiefel angefertigt wurden, erfuhr ich in Rom. So stieß ich auf Kreon.

Die blutigen Kämpfe zu Ehren der Kaiser Augustus, Titus und des Gottes Vulcanus sollten im Amphitheater von Pompeji tatsächlich stattfinden. Ebenfalls historisch sind der Kampf um Jerusalem, die Zerstörung des jüdischen Tempels, Brand und Seuche in Rom und die Schicksale der Kaiser Vespasian und Titus.

Als ich die Erzählung zu Ende geschrieben hatte, staunte ich über die Parallelen, die sich zu unserer Zeit ergeben. Wer mitdenkt, wird sie leicht herausfinden.

Mein Freund Johannes, dem ich das Manuskript zum Durchlesen gegeben hatte, sagte nachher: »Viel gescheiter, als die damals waren, sind wir nicht geworden.«

»Sic transit gloria mundi« (So vergeht die Herrlichkeit der Welt), sagten die alten Römer und genossen das Leben.

Josef Carl Grund

Die Hauptpersonen

Titus, römischer Feldherr, dann Kaiser
Marius Corvus, römischer Decurio, dann Gutsbesitzer
Lea und Amos, seine Adoptivkinder
Esther, eine Frau aus Judäa
Apollonius, ein römischer Dichter
Kreon, ein junger Mann aus Griechenland
Divinus und Pulcher, Gladiatoren

Keine Personen, doch ebenso wichtig und noch wichtiger als diese:

Hercules, ein kleiner Mischlingshund
und der *Berg Vesuv(ius)*, der tausenden zum Schicksal
wurde

Das Flammenschwert

Die Nacht war schwül. Dunst stieg aus dem Meer und trieb den Schweiß aus den Poren. Marius Corvus träumte Unheimliches. Dumpfes Dröhnen weckte ihn. Er sprang vom Lager und eilte vor das Haus. Das Dröhnen kam von den sturmgepeitschten Wogen des Meeres, die sich an der Hafenmauer brachen.

Dann hörte Marius Corvus ein gefährliches Grollen hinter sich. Er wandte sich um und erschrak. Aus dem Krater des Vesuvs, der seit Menschengedenken kein Feuer mehr gespien hatte, fuhr ein riesiges flammendes Schwert hoch in den Himmel hinauf. Dort blieb es einige Augenblicke lang stehen und seine Spitze wies auf die Stadt Pompeji. Dann zerbarst es zu unzähligen Funken, die als glühender Regen in den Vulkan zurückfielen. Augenblicklich legte sich der Sturm. Das Meer lag ruhig und spiegelglatt.

Marius Corvus wischte sich den Schweiß von der Stirn. »Sie werden mir wieder nicht glauben«, murmelte er, ballte in plötzlicher Wut die Fäuste, schüttelte sie gegen Südosten und schrie: »Hab ich nicht schon genug gebüßt?! Nimm endlich den Fluch von mir, du verdammter Judäer!«

Ein etwa vierzehn Jahre altes Mädchen, ein zwölfjähriger Junge und eine junge Frau eilten aus dem Haus. Die Frau blieb vor der Tür stehen, die Kinder liefen zu Marius. »Was ist, Vater?«, fragten sie erschrocken.

»Habt auch ihr es gehört und gesehen?«, fragte Marius Corvus.

»Was denn?«, erkundigte sich das Mädchen.

»Den Sturm auf dem Meer und das Flammenschwert über dem Berg«, antwortete der Mann.

Die Kinder schüttelten die Köpfe. »Du hast schlecht geträumt, Vater«, meinte der Junge, und das Mädchen sagte: »Du solltest nicht so oft an früher denken, Vater. Wir sind doch davongekommen.«

Marius Corvus nickte stumm.

Aus einem Anbau kamen Sklaven und Sklavinnen gelaufen. Die Schreie ihres Herrn hatten sie geweckt.

»Schlaft weiter!«, befahl ihnen Marius knapp.

Sie zögerten.

»Sie sorgen sich um dich«, sagte die Frau vor der Tür. »Erlaube, dass ich sie beruhige.«

Marius Corvus nickte ihr zu, fasste die Kinder bei den Händen und ging mit ihnen ins Haus zurück.

Die Frau winkte die Sklaven und Sklavinnen zu sich. »Er wird es nicht los«, sagte sie. »Immer wieder träumt er von der brennenden Stadt, sieht im Traum die vielen Kreuze und hört den Fluch des Priesters.«

»Aber das ist doch schon neun Jahre her«, wandte eine Sklavin ein.

»Trotzdem«, sagte die Frau. »Auch ich werde es nicht los. Ich war damals dabei. Mein Leben und das der Kinder schienen verloren. Da sandte uns Gott der Herr einen Feind unseres Volkes als Retter.«

»Marius Corvus«, sagte ein Sklave. »Ich hab davon gehört. Er war damals Decurio im römischen Heer.«

Die anderen kannten die Geschichte nicht. Sie waren neugierig geworden und wollten sie hören. »Einschlafen können wir so schnell nicht mehr«, meinte einer.

»Ich schon«, brummte ein anderer, gähnte und verdrückte sich.

Die Frau, die vor neun Jahren dabei gewesen war, erzählte. Die Sklaven und Sklavinnen setzten sich ihr zu Füßen und hörten zu. Die Frau sprach kein gutes Latein. Sie entstammte einer jüdischen Familie, ihre Muttersprache war Aramäisch. Die anderen lachten sie nicht aus. Die meisten redeten ebenso holprig lateinisch. Sie waren als Gefangene und Verschleppte aus Griechenland, Gallien, von der Iberischen Halbinsel, aus Germanien, Ägypten und Nubien gekommen.

»Manche Leute in Pompeji behaupten, dass Marius Corvus kein echter Römer sei«, erzählte die Frau. »Der Beiname ›Corvus‹ bedeutet ›Rabe‹. Unser Herr hat ein dunkleres Gesicht als normale Römer. Es heißt, dass eine seiner Urgroßmütter aus dem Lande der Schwarzen stammte. Sie vererbte die dunkle Hautfarbe ihren Kindern, Enkeln und Urenkeln. Von Generation zu Generation verblasste sie mehr. Der Beiname Corvus blieb.«

»Erzähl von der brennenden Stadt, den Kreuzen und dem Fluch«, drängte eine Sklavin.

»Ja!«, riefen die anderen.

Die brennende Stadt

Was die Frau weiter erzählte, begann (nach christlicher Zeitrechnung) im Jahre 70 nach Christi Geburt.

Zum Römischen Reich gehörte auch das jüdische Land, und die Judäer erhoben sich gegen die Fremdherrschaft. Sie hassten die Römer, weil sie von ihnen unterdrückt wurden, und verachteten sie wegen der vielen Götter, an die diese Heiden glaubten. Die Judäer verehrten einen einzigen Gott und hofften auf seinen Beistand.

Der römische Kaiser Vespasian befahl seinem Sohn Titus den jüdischen Aufstand niederzuschlagen. Titus war einunddreißig Jahre alt, als er mit fünf Legionen gegen die Aufständischen zog. Seine Legionäre unterwarfen zuerst das offene Land um die jüdische Hauptstadt Jerusalem herum. Dort unterlagen die Judäer schon nach kurzer Zeit den besser ausgerüsteten und kampferprobten Römern. Die Überlebenden retteten sich in das stark befestigte Jerusalem und verteidigten ihre heilige Stadt erbittert. Von Tag zu Tag stieg die Zahl der Opfer auf beiden Seiten.

Unter dem Befehl des Feldherrn Titus kämpfte auch der Decurio Marius Corvus. Er war vierundzwanzig Jahre alt und in Pompeji geboren. Gegen den Willen der Eltern hatte er sich vor vier Jahren zum Dienst im römischen Heer gemeldet und war vor kurzem zum Decurio befördert worden . . .

Die Belagerung der Stadt Jerusalem zog sich monatelang hin. Römische Angriffe wurden abgeschlagen und mit dem Aushungern klappte es auch nicht. In weiser Voraussicht hatten die Verteidiger Lebensmittel gehortet. Sie mussten auch keinen Durst leiden; die geheime Wasserzufuhr war von den Römern nicht entdeckt worden.

Beim fünften Ansturm rettete der Decurio Marius Corvus seinem Feldherrn das Leben. Er sprang vor Titus und wehrte mit seinem Schild den Pfeil ab, der den Kaisersohn in den Hals getroffen hätte.

Die Verteidiger schlugen auch diesen Angriff zurück. »Wenn du einmal Hilfe brauchst, komm zu mir«, sagte Titus zu seinem Retter.

Im April hatte die Belagerung begonnen, im September war es endlich so weit. Titus hatte rings um Jerusalem Belagerungstürme bauen lassen, die die Stadtmauern überragten. Von diesen Türmen wurden Brandpfeile abgeschossen, von Wurfmaschinen brennende Holzbündel geschleudert.

Kurz vor dem entscheidenden Ansturm kontrollierte der Decurio Marius Corvus die Posten an der Südmauer. Da trat ein bärtiger Alter zu ihm und flüsterte ihm zu: »Sag deinem Feldherrn, Römer, dass er abziehen soll. Wenn er Jerusalem erobert, wird es ihm Unheil bringen. Selbst wenn die Stadt fällt, wird sie Rom überdauern.«

Das sagte er so eindringlich, dass der Decurio die Hand vom Schwertgriff nahm. »Wer bist du?«, fragte er.

»Ein Priester des einzig wahren Gottes«, antwortete der Alte.

»Jeder Priester hält seinen Gott für den einzig wahren«, spottete Marius Corvus. »Verschwinde, bevor ich dich festnehmen lasse.«

»Glaub mir, Römer«, warnte der Alte. »Wenn Titus Jerusalem zerstört, wird es aus der Asche auferstehen. Titus wird Kaiser werden, doch nur kurze Zeit regieren und eines unrühmlichen Todes sterben. Sag ihm das, Römer.« Er winkte ab, als Marius widersprechen wollte. »Ich sehe dir an, dass du mir nicht glaubst«, fuhr er fort, »und Titus würde dir erst recht nicht glauben.« Er zuckte die Achseln. »Es ist mein Schicksal, Unheil vorherzusehen. Doch die, die ich warne, glauben mir nicht.«

»Du redest Unsinn, alter Mann«, spottete Marius Corvus. »Eher erstickt meine Heimatstadt Pompeji in Feuer und Asche, als dass dein Wüstennest Jerusalem aus der Asche aufersteht. Die Legionen des Titus werden es für immer vernichten!«

»Wenn du ihn nicht warnst, wird das Unheil geschehen«, sagte der Alte. »Pompeji wird unter Asche ersticken und Titus kurz danach sterben.«

»Jetzt reicht es!«, schimpfte Marius Corvus. »Verschwinde!«

Der Alte hob die Hand. »Ich habe dich gewarnt, Römer, und du glaubst mir nicht. So höre weiter. Von heute an sollst auch du Unheil voraussehen, das anderen droht.

Du wirst sie warnen, doch sie werden dir nicht glauben, wie du mir nicht glaubst. Unheil, das dich und deine Freunde bedroht, wird dir verborgen bleiben.«

Den Decurio Marius Corvus überfiel eine seltsame Müdigkeit. Wie aus der Ferne hörte er die Stimme des Alten weiter: »Die Sehergabe, die viele sich wünschen, ist oft ein Fluch. Du wirst es erfahren.«

Der Alte schloss die Augen. »Ich sehe zwei Kinder«, murmelte er, »und Asche auf deiner Stadt. In drei Tagen wirst du mir wieder begegnen. Ich werde erhöht sein, du wirst zu meinen Füßen stehen.«

Mehr sagte er nicht. Ein hundertfacher Aufschrei riss ihm das Wort vom Mund. Römische Legionäre brüllten im Triumph. Ein Rammbock hatte das Osttor der Stadtmauer eingestoßen.

Marius Corvus riss die Augen auf. Die Müdigkeit war wie weggeblasen. »Unsinn!«, rief er und wollte den Alten packen. Doch dieser war verschwunden, als ob ihn die Erde verschluckt hätte.

Marius Corvus stürzte sich in den Kampf. Von der Begegnung mit dem verrückten Alten berichtete er niemandem. Er wollte sich nicht lächerlich machen . . .

Jerusalem brannte. Der Tempel, das größte jüdische Heiligtum, wurde ausgeraubt und zerstört. Die Römer rächten sich an den Besiegten. Männer, Frauen und Kinder wurden in die Sklaverei verschleppt, gefangene Anführer gekreuzigt. Es gab viele Kreuze vor der Stadt.

Der Decurio Marius Corvus war mit leichten Verwundungen davongekommen. »Nicht der Rede wert«, sagte er und verband sich selbst.

Am Morgen des dritten Tages ging er zu den Kreuzen. Warum, wusste er nicht. Eine geheimnisvolle Kraft zog ihn zur Richtstätte hinaus.

Schon beim ersten Kreuz zuckte er zusammen. Der jüdische Priester, der ihn gewarnt hatte, hing daran. Ob er ohnmächtig oder schon tot war, erkannte Marius nicht. Die letzten Worte, die der Alte zu ihm gesagt hatte, fielen ihm ein: »Ich werde erhöht sein, du wirst zu meinen Füßen stehen.«

Der Decurio, der mit seinen Legionären Wache bei den Kreuzen hielt, kam auf Marius zu und spottete: »Du machst ein Gesicht, als ob dir das da nicht gefällt. Hast wohl ein zartes Gemüt, wie?«

»Esel«, brummte Marius Corvus, machte kehrt und ging in die Stadt zurück. Überall war Brandgeruch. An vielen Stellen zuckten noch Flammen auf und Rauchschwaden schwelten über den Trümmern. Verängstigte Leute huschten durch die Gassen. Es waren Alte und Behinderte, die nicht zu Sklaven taugten.

Römische Legionäre suchten nach Aufständischen, die sich in den Ruinen verborgen hielten. Immer wieder gellten Schreie, wenn Frauen und Kinder gefasst wurden. Ein aufgestöberter Krieger tötete sich, bevor ihn die Römer packen konnten. Im Sterben verfluchte er Titus und Rom.

Marius Corvus begriff nicht, was ihm geschah. Er, der

sich in wilden Kämpfen ausgezeichnet und kein Erbarmen mit dem Feind gekannt hatte, fühlte Mitleid mit den Frauen und Kindern, die aus ihren Verstecken gezerrt wurden. »Das fehlt mir gerade noch«, knurrte er und bemühte sich wegzusehen. Am liebsten hätte er sich auch die Ohren zugehalten.

Ziel- und planlos ging er weiter, stolperte über Steine, stieg über Schutt und kam in die Gasse der Gerber. Dort stand kein Haus mehr. Die verkohlten und rauchgeschwärzten Ruinen waren leer geplündert.

Es roch penetrant. Plünderer hatten die Urinfässer zerschlagen, in denen die Gerber Tierhäute einweichten, um sie zu Leder zu verarbeiten. Es roch so widerlich, dass selbst streunende Hunde weite Bogen um die Gerbergasse schlugen.

Da hat sich bestimmt niemand versteckt, dachte Marius Corvus, wollte umkehren, blieb stehen und lauschte. – Nein, er hatte sich nicht geirrt! In der Nähe weinte ein Kind. – Jetzt brach das Weinen ab, als ob jemand dem Kind die Hand auf den Mund gelegt hätte.

»Was geht es mich an«, brummte der Decurio und lauschte weiter. Das Kind weinte wieder, doch nur ganz kurz. Dann verstummte es. »He!«, rief Marius. »Wo seid ihr? Zeigt euch!«

Niemand antwortete.

Marius schlug sich an die Stirn. Wenn sie sich versteckt haben, sind sie Judäer, dachte er. Die rühren sich nicht, wenn ich sie lateinisch anrufe. Vielleicht verstehen sie auch kein Latein. – Tja, da muss ich wohl meine Aramäischkenntnisse zusammenkratzen. Er überlegte eine Weile, dann rief er etwas, das sich in der Sprache der Judäer etwa so anhörte: »He! Ihr wo verstecken? Rauskommen aus Loch!«

Es blieb still.

»Pfui!«, schimpfte Marius. Erst jetzt merkte er, dass er neben einem zerschlagenen Fass in einer Urinlache stand. Die Sonne war höher gestiegen und verstärkte die Gerüche.

»Raus mit euch!«, schrie Marius Corvus.

»Wir kommen!«, antwortete eine Frauenstimme in hartem Latein.

Marius griff ans Schwert.

»Da sind wir«, sagte die Stimme. Aus dem Schutt kamen eine junge Frau, ein kleines Mädchen und ein noch kleinerer Junge heraus. Die Kinder hielten sich am Gewand der Frau fest.

Marius Corvus nahm die Hand vom Schwert. »Wie konntet ihr euch unter den Steinen verkriechen?«, fragte er verblüfft.

»Hinter der Ruine ist ein Gang frei«, antwortete die Frau in aramäisch gefärbtem Latein. »Er führt in einen Keller. Dort glaubten wir uns sicher. Welcher Römer würde schon im Geruch der Gerbergasse nach Sklaven suchen?, dachte ich – und irrte.« Sie sah den Decurio ruhig an. »Tu, was du tun musst, Römer. Führe mich in die Sklaverei, doch schone die Kinder. Ihr Vater war Hauptmann der Tempelwache. Er fiel im Kampf gegen euch. Seine Frau folgte ihm in den Tod, um nicht als Sklavin weiterleben zu müssen. Ich war Dienerin im Hause des Hauptmanns und kümmerte mich vor allem um das Mädchen und den Jungen. Die Herrin vertraute sie mir an, bevor sie ...«

»Schon gut«, brummte Marius. Es sollte grimmig klingen und hörte sich hilflos an.

»Das Mädchen ist fünf Jahre alt, der Junge drei«, sagte die Frau. »Das Mädchen heißt Lea, der Junge Amos. Ich bin Esther.«

Die Kinder sahen den Decurio mehr bewundernd als ängstlich an. Der römische Helm funkelte im Sonnenlicht.

»Du bist schön«, sagte das Mädchen aramäisch.

»Was meint sie?«, fragte Marius die junge Frau.

Sie lächelte. »Du hast es verstanden«, antwortete sie lateinisch. »Doch wenn du es noch einmal hören möchtest?«

Marius winkte ab. »Was soll ich mit euch tun?«, murmelte er unschlüssig. Die Blicke aus den Kinderaugen verwirrten ihn und jetzt griff der Junge auch noch nach dem versilberten Schwertknauf. »Schön«, sagte er leise.

Marius schnaufte.

»Verschone die Kinder«, bat Esther, »oder gib mir dein Schwert.«

»Red keinen Unsinn!«, fuhr Marius sie an. Die Kinder erschraken und klammerten sich an sie.

Marius Corvus zwang sich zur Ruhe. Ihm war, als hörte er die Stimme des Priesters: »Von heute an sollst auch du Unheil voraussehen, das anderen droht.« Marius schloss die Augen – und sah nichts. Obzwar er sonst Aberglauben von sich wies, atmete er jetzt auf. Er sah kein Unheil, das der jungen Frau und den Kindern bevorstand. »Habt ihr Hunger?«, fragte er.

»Kinder haben immer Hunger«, antwortete Esther, »aber uns ging es besser als anderen, die gegen Ende der Belagerung dem Hungertod nahe waren.«

»Verkriecht euch wieder«, befahl Marius Corvus, »und lasst euch erst blicken, wenn ich wiederkomme. Ich werde ›Esther!‹ rufen.«

»Du bist ein guter Mensch«, sagte die Frau.

»Sag das erst, wenn ich euch geholfen habe«, brummte Marius und ging davon. Esther, Lea und Amos krochen in ihr Versteck zurück.

Je höher die Sonne stieg, desto unerträglicher wurde der Geruch in der Gerbergasse . . .

Der römische Decurio ließ lange auf sich warten. Die Lebensmittel, die Esther gerettet hatte, gingen zu Ende. Die Kinder weinten.

Esther war nahe daran, die Hoffnung aufzugeben – da kam der Römer zurück. Sechs Tage waren vergangen. Marius rief Esthers Namen und sie erschrak, als sie ihn sah. Er stützte sich auf einen Krückstock und atmete mühsam.

»Nichts von Bedeutung«, brummte er unwillig. »Beinbruch, sagt der Feldarzt. Kann sein, dass er heilt; kann sein, dass ich mein Leben lang hinken muss. Ich soll den Göttern opfern, sagt der Feldarzt. Schuld sind eure verdammten Kerle, die noch immer nicht aufgeben und jetzt als Räuber über uns herfallen. Einer hat mir mit einem Stein das Bein angeschlagen.«

»Ich werde zu Gott beten, dass er dir beisteht«, sagte Esther.

Darauf antwortete Marius nicht. »Hinkemänner kann Titus nicht brauchen«, sagte er gewollt gleichmütig und lächelte sogar ein wenig dazu. »Der Feldherr hat mich entlassen und sich dankbar gezeigt. Für Treue und Tapferkeit schenkte er mir ein Landgut vor den Mauern meiner Heimatstadt Pompeji. Die Schmiede meines Vaters konnte er mir nicht geben. Meine Eltern sind kurz nacheinander gestorben, die Schmiede gehört einem Fremden.«

Die Kinder sahen ihn mitleidig an. »Tut es weh?«, fragte das Mädchen.

»Tut es weh?«, plapperte der Junge nach.

Marius beachtete die Kinder nicht. Er sprach weiter zu Esther: »Dafür, dass ich ihm das Leben gerettet habe, erfüllte mir Titus einen besonderen Wunsch. Ihr dürft mit mir nach Pompeji kommen und in meinem Hause wohnen. Ihr werdet keine Sklaven sein. Du, Esther, wirst dich um die Kinder kümmern, wie du es bisher getan hast.«

»Warum tust du das?«, fragte Esther. Ihre Stimme zitterte.

»Ich weiß es nicht«, antwortete Marius. »Entscheide dich in den nächsten Tagen.«

»Ich habe mich schon entschieden«, sagte Esther. »Wir werden dir keine Schande machen.«

So kehrte Marius Corvus nach Pompeji zurück. Mit ihm kamen Esther, Lea und Amos in das Landgut vor den Mauern der Stadt. Titus hatte seinem Lebensretter nicht nur das Gebäude und den Landbesitz geschenkt, sondern auch Sklaven und Sklavinnen dazu. Erst jetzt erfuhr Marius, dass das vor drei Jahren erbaute Landgut dem Feldherrn Titus selbst gehört hatte.

Ein Arzt aus Pompeji behandelte das gebrochene Bein so geschickt, dass es verheilte. Nur wer ganz genau hinsah, merkte, dass der ehemalige Decurio ein wenig hinkte ...

Marius Corvus adoptierte die Kinder und sie sagten »Vater« zu ihm. Esther sorgte wie eine Mutter für sie.

Als sie in das Alter kamen, in dem andere Kinder zu Schulmeistern lernen gingen, ließ Marius sie von einem gebildeten griechischen Sklaven unterrichten.

Lea und Amos wurden Römer. Sie sprachen Latein und lernten Griechisch dazu. In Pompeji, das von griechischen Seefahrern gegründet worden war, beherrschten gebildete Leute auch die griechische Sprache.

Marius Corvus gewöhnte sich an das bäuerliche Leben und wirtschaftete gut. Da er seine Sklaven menschenwürdig behandelte, arbeiteten sie willig.

Die Pompejaner sagten »der Neue vor den Mauern«, wenn sie von Marius Corvus redeten. Sie sagten es respektvoll, denn sein Wein war edel und der Schafskäse würzig wie kaum ein anderer.

Die Kinder fanden bald Freunde und Freundinnen, mit denen sie spielten und Unfug trieben. Sie lernten leicht und ihr Lehrer lobte sie.

Nur Esther war traurig. Lea und Amos verlernten nicht nur ihre aramäische Muttersprache, sie vergaßen auch den Gott ihrer Väter. Römische und griechische Götter und Göttinnen wurden ihnen vertraut. Die Kinder gingen mit Vater Marius in die prunkvollen Tempel der Stadt Pompeji und verneigten sich vor den Statuen der römischen und griechischen Gottheiten, ja sogar vor der ägyptischen Isis. Für den Gott Israels gab es keinen Tempel und keine Statue in der betriebsamen Stadt.

Die meisten Pompejaner kümmerten sich nicht darum, an welche Himmlischen andere glaubten. Nur gegen die Judäer zeigten sich manche unduldsam. Fremde, die einen einzigen Gott verehrten, von dem es kein Abbild aus Marmor oder sonst einem Stein gab, waren ihnen verdächtig. Außerdem kämpften aufständische Judäer als Freischärler noch immer gegen die Römer . . .

Wenn der Fluch nicht gewesen wäre, hätte Marius Corvus in Frieden leben können. »Von heute an sollst auch du Unheil voraussehen, das anderen droht«, hatte der Priester gesagt. »Du wirst sie warnen, doch sie werden dir nicht glauben, wie du mir nicht glaubst. Die Sehergabe, die viele sich wünschen, ist oft ein Fluch. Du wirst es erfahren.«

Es hatte begonnen, als sich Marius Corvus beim Rat der Stadt Pompeji anmelden wollte. Vor der Stadtmauer war ihm ein Eselskarren entgegengekommen. Ein Mann saß darauf und trieb das Tier mit der Peitsche an.

Marius zuckte zusammen. In dem grauen Schleier, der sich plötzlich auf seine Augen gelegt hatte, sah er den Fuhrmann in hohem Bogen vom Karren fliegen und am Wegrand liegen bleiben. Da war die Vision auch schon wieder verschwunden. »Steig ab, oder du brichst dir das Genick!«, rief Marius dem Fuhrmann zu. Der lachte und tippte sich an die Stirn.

»Steig ab!«, rief Marius noch einmal.

Da geschah es. Eine Schlange kroch aus einem Gestrüpp auf den Weg heraus. Der Esel erschrak und galoppierte los. Eines der Karrenräder stieß an einen Stein und der Wagen kippte um.

In hohem Bogen flog der Fuhrmann auf den Weg hinunter. Der Esel schleifte den Karren ein Stück weiter, dann blieb er stehen.

Marius Corvus brachte den Verunglückten in seinem Wagen nach Pompeji hinein. »Er ist tot«, sagte der Arzt.

Ein halbes Jahr später beschwor Marius einen befreundeten Handelsherrn, sein Schiff am kommenden Morgen nicht auslaufen zu lassen. »Ich sah im Traum, wie es unterging«, erklärte er beschwörend.

Der Händler schüttelte den Kopf. »Was bedeutet schon ein Traum«, meinte er spöttisch. »Außerdem ist morgen mein Glückstag, das prophezeite mir ein Sterndeuter.«

Das Schiff lief aus und blieb verschollen.

Einige Monate nachher riet Marius der Gattin eines Nachbarn, drei Tage lang keinen Fisch zu essen. Sie nahm die Warnung nicht ernst und starb an einer Fischvergiftung.

Dann prophezeite er einem berühmten Gladiator den Tod, wenn er in Rom zum Kampf antrete. Der Gladiator lachte schallend.

»Ich habe einundzwanzig Siege errungen«, prahlte er. »Da werde ich auch diesmal gewinnen!«

Er kämpfte in der römischen Arena und verlor ...

So ging es weiter. Zwei- bis dreimal im Jahr sah Marius Corvus Unheil voraus, das anderen drohte. Er warnte sie, doch sie glaubten ihm nicht. Und das Unheil kam, wie er es prophezeit hatte.

Seltsam war, dass sich die Warnungen und ihre Folgen nicht herumsprachen. Die Angehörigen der Betroffenen schwiegen. Im Traum hörte Marius die Stimme des Priesters: »Das Schweigen gehört zum Fluch. Die Leute sollen dich nicht für einen Propheten halten.«

Marius vertraute sich Esther an. Sie riet ihm den Priester und dessen Worte zu vergessen. Darum baten ihn später auch die Kinder.

Wenn Marius auf Jerusalem zu sprechen kam, hörten ihm Lea und Amos wie einem Mann zu, der Märchen erzählt. Die wenigen Jahre, die sie dort gelebt hatten, verblassten mit der Erinnerung an die Eltern und deren Sprache ...

So weit die Geschichte, die Esther den Sklaven und Sklavinnen erzählte.

»Ich habe euch berichtet, was ich selbst erlebte«, sagte sie, »und was mir Marius Corvus im Lauf der Jahre erzählt hat.«

»Er vertraut dir«, meinte eine Sklavin.

Esther nickte. »Dafür danke ich ihm.«

»Warum heiratet ihr nicht?«, fragte eine andere Sklavin.

Esther fühlte, wie ihr die Röte ins Gesicht stieg, und ärgerte sich darüber. »Das ist eine dumme Frage«, erwiderte sie schärfer als beabsichtigt.

Die Sklavin erschrak, die anderen schwiegen. Die Stille bedrückte.

»Was war denn heute los?«, erkundigte sich ein Sklave, um das Schweigen zu brechen.

»Marius Corvus hörte Sturm auf dem Meer und sah ein flammendes Schwert über dem Vesuv«, antwortete Esther. »Diesmal scheint es kein Traum gewesen zu sein.«

»Und was soll es bedeuten?«, fragte ein Nubier.

Esther wusste es nicht. »Geht schlafen«, sagte sie. »Morgen scheint die Sonne wieder, da sieht alles anders aus. Gute Nacht.«

In der Nacht betete sie zum Gott ihrer Väter, dass er die Menschen in und um Pompeji vor Wasser und Feuer beschützen möge. Um den gleichen Schutz flehten einige Sklaven und Sklavinnen die Götter und Göttinnen ihrer Heimat an.

Marius Corvus lag wach mit geschlossenen Augen. Er

sah, wie sich ein grauer Schleier auf Pompeji legte und die Stadt unter sich begrub. Und er hörte die Stimme des Priesters: »Pompeji wird unter Asche ersticken.«
Der Himmel war jetzt klar und voller Sterne.

In dieser Nacht (nach christlicher Zeitrechnung am 24. Juni des Jahres 79) starb Kaiser Vespasian. Auf den Thron des Römischen Reiches folgte ihm sein Sohn Titus, dessen Legionäre Jerusalem erobert und den jüdischen Tempel zerstört hatten.

Der Schiffbrüchige

In derselben Nacht rettete sich der sechzehnjährige Kreon, den die Mädchen zu Hause den Starken genannt hatten, an den Strand von Pompeji. Stark war er jetzt nicht mehr. Mit letzter Kraft zog er sich in der Nähe des Seehafens an Land, quälte sich den Steilhang hinauf und sackte zusammen. Stöhnend hob er den Kopf, blickte in den sternenklaren Himmel und sah ein geisterhaftes Leuchten über dem Gipfel des Vesuvs.

»Dank dir, allmächtiger Zeus«, murmelte er mühsam. »Ich hoffe, dass du keine halben Dinge tust. Jetzt, wo du mich aus dem Wasser gerettet hast, solltest du mir auch hier weiterhelfen.«

Das Leuchten über dem Berg strahlte einen Augenblick lang hell, dann erlosch es. Kreon nahm es als gutes Zeichen, ließ den Kopf sinken und schlief ein . . .

Er erwachte, als ihn etwas in der Nase kitzelte. Schlaftrunken schlug er danach.

»Hehehee«, meckerte eine Stimme und es kitzelte weiter. Kreon öffnete die Augen, aber er sah den Meckerer nicht. Das Sonnenlicht blendete, es war heller Tag. »Hehehee«, meckerte es wieder.

Kreon setzte sich auf. Jetzt blendete die Sonne nicht mehr. Kreon erkannte einen Mann mittleren Alters, der vor ihm kniete und mit einer Vogelfeder wedelte.

»Gereizt von der kitzelnden Feder,

erwacht jeder Träumer zum Leben«,

reimte der Fremde im klassischen Versmaß.
»Wer bist du?«, fragte Kreon.
»Dein Latein ist griechisch gefärbt«, stellte der Fremde fest. »Bist du ein Grieche?«
Kreon nickte. »Wenn du Grieche bist, ist dein Latein vorzüglich«, lobte der Mann.
»Unser Land ist römische Provinz«, sagte Kreon. »Da ist es gut für die Gescheiten, die Sprache der Römer zu lernen.«
Der Mann lachte. »Du gehörst also zu den griechischen Gescheiten. Wir können uns auch griechisch unterhalten, weil ich ein römischer Gescheiter bin.« Er deutete eine Verbeugung an. »Gestatte, dass ich mich vorstelle. Ich bin Apollonius, der Dichter.«
»Ich heiße Kreon«, sagte der Junge. »Ich war auf der griechischen Insel Aigina zu Hause.«
»Und wie kamst du hierher?«, erkundigte sich Apollonius.
»Ich bin geschwommen«, antwortete Kreon.
Der Dichter rümpfte die Nase. »Das ist ein schlechter Scherz«, tadelte er. »Von Aigina nach Pompeji hätte nicht einmal Hercules schwimmen können!«
»Ich bin geschwommen«, versicherte Kreon, »von Aigina weg in einem Schiff und dann eine Ewigkeit lang mit Armen und Beinen.« Er zuckte die Achseln. »Vielleicht

ist mir die letzte Strecke auch bloß so weit vorgekommen.«

Apollonius lachte nicht mehr. »Das musst du mir erzählen«, sagte er neugierig. »Doch erst steh auf. So halb nackt, wie du bist, und so hungrig, wie du scheinst, will ich dich nicht ausquetschen.« Er schmunzelte. »Ausquetschen sagen die Herren vom Gericht, wenn sie einen Angeklagten unter der Folter befragen.«

Kreon erschrak, doch der Dichter winkte ab. »Du brauchst keine Angst zu haben, Junge. Ich bin kein Sklavenjäger.«

»Und ich kein Sklave!«, begehrte Kreon auf.

»Schon gut«, sagte Apollonius, steckte die Kitzelfeder hinters Ohr und half dem Jungen auf die Beine. »Links von uns – dort, wo soeben ein Frachtschiff anlegt – ist der Seehafen von Pompeji«, erklärte er. »Landeinwärts siehst du die Mauern der Stadt. Wir müssen ein Stück gehen, doch das wirst du wohl schaffen. Die Schänke des Euxinus ist zwar noch geschlossen, aber der Türhüter öffnet mir, wenn ich anklopfe.«

»Ich kann nicht bezahlen«, gestand Kreon. »Ich hab nicht mal eine Kupfermünze.«

»Zerbrich dir des lumpigen Mammons wegen nicht den Kopf, es wäre schade darum«, sagte der Dichter, hakte Kreon unter und zog ihn mit sich fort.

An der Porta Marina, dem südwestlichen Stadttor, war schon Betrieb. Pferde- und Eselgespanne, Reiter und Fußgänger fuhren, ritten und gingen aus der Stadt zum

Hafen, vom Hafen in die Stadt. Es waren Händler, Bauern, Handwerker, Sklaven und einige Vornehme. Für die meisten Herren und Damen der Oberschicht begann der Tag erst am späten Morgen.

Gähnend stützten sich die Torwächter auf ihre Speere. Einer von ihnen erkannte Apollonius. »He, Dichtersmann!«, rief er. »Bist du unter die Sklavenhändler gegangen?«

Kreon erschrak.

»Nein, edler Florus, der du dem schlechtesten Wein in der verkommensten Kneipe wieder einmal übermäßig zugesprochen hast«, spottete Apollonius. Er wies auf Kreon. »Wie kannst du meinen Freund, der in seiner Nasenspitze mehr Verstand hat als du in deinem verkümmerten Gehirn, für einen Sklaven halten! Ich bringe ihn zu Euxinus, bei dem du so viele Schulden hast wie ein streunender Hund Flöhe.«

Unter dem Gelächter der Zuhörer zog er Kreon durch das Tor in die Via Marina.

»Wirst du mich wirklich nicht – ausliefern?«, stammelte Kreon.

»Sehe ich wie ein Menschenhändler aus?«, knurrte Apollonius. »Wenn du mir nicht traust, verschwinde.«

»Entschuldige«, bat Kreon.

Der Dichter führte den Jungen über das Forum, den großen Marktplatz, den die Pompejaner das Herz ihrer Stadt nannten. Kreon staunte über die prächtigen Tempel und Paläste und über die vielen Statuen von Göttern,

Kaisern, Kriegs- und Sagenhelden, die als steinerne Wächter die Stadt beschützten.

»Jetzt kommen wir in die Straße des Überflusses«, erklärte Apollonius, als sie das Forum verließen. »Sie führt zur gegenüberliegenden Stadtmauer. Man könnte sie auch Straße der Geldleute nennen. Manche haben ihren Reichtum mit Schwindel und Betrug zusammengerafft; doch danach fragt heute niemand mehr.«

»Entschuldige«, bat Kreon noch einmal.

»Schon gut«, brummelte Apollonius versöhnt und grüßte Leute, die vorübergingen; einige freundlich, andere knapp, wieder andere spöttisch.

Kreon fand die Straße des Überflusses unverschämt lang. Das Steinpflaster tat den nackten Füßen weh, Durst und Hunger rebellierten immer stärker.

Endlich sagte der Dichter: »Wir sind gleich da.« Die Stadt war hier dünn besiedelt. Rechts standen hohe Platanen um eine riesige Palästra, eine Sporthalle, in der sich junge und weniger junge Pompejaner mehr oder weniger gelenkig erhielten. Gleich daneben erhob sich der gewaltige Ovalbau des Amphitheaters.

Der Dichter bog nach rechts ab und da war auch schon die Schänke des Euxinus. Das Schild über dem Eingang zeigte einen Phönix zwischen zwei Pfauen und darunter die Inschrift:

Phoenix felix et tu.

Was in unserer Sprache etwa »Der Phönix (ist hier) glücklich, und du (wirst es auch sein)« bedeutet.

»Wenn im Aphitheater Gladiatorenkämpfe stattfinden, reibt sich Euxinus die Hände«, erzählte der Dichter. »Nach den blutigen Spielen ist seine Schänke nämlich immer voll besetzt.«

Er klopfte an das Tor, nannte seinen Namen und die Tür ging auf. Kreon sah, dass der Türhüter mit einem Eisenring um den Knöchel und einer Kette daran an die Mauer gefesselt war.

»Ich habe einen Gast mitgebracht«, sagte Apollonius.

»Tretet ein«, antwortete der Türhüter.

Apollonius führte Kreon in das Haus. »Komm schon«, sagte er, »ich wohne hier.«

»Warum ist der Türhüter an die Wand gekettet?«, fragte der Junge.

»Er ist ein Sklave aus dem Lande der Schwarzen«, erklärte Apollonius. »Diese Leute leiden unter Heimweh und benutzen jede Gelegenheit, der Sklaverei zu entfliehen. Angeschmiedete Sklaven entkommen nicht so leicht.«

»Auf meiner Insel wurde kein Sklave an die Wand gekettet«, sagte Kreon, »außer er hätte sich eines Verbrechens schuldig gemacht.«

Apollonius zuckte die Achseln. »Du bist in Pompeji und nicht auf Aigina.«

Sie überquerten einen Hinterhof, stiegen eine Treppe hinauf und traten in einen spärlich möblierten Raum.

Zwei Hocker waren darin, ein Schreibpult, eine Liege, eine Truhe und Kleinigkeiten, die Kreon zunächst nicht beachtete.

Fasziniert bestaunte er ein in leuchtenden Farben gemaltes Bild, das die gesamte rechte Wand bedeckte. Es zeigte die Göttin Venus in himmelblauem Gewand und mit einer goldenen Krone auf dem Haupt. Sie stand in einem von vier Elefanten gezogenen Triumphwagen. In der rechten Hand hielt sie einen Olivenzweig.

»Es ist, als ob sie lebte«, flüsterte Kreon.

Apollonius wies auf die Tür in der Rückwand. »Dahinter liegt meine Schlafkammer«, sagte er. »Jetzt gehört sie dir. Bis du anderswo unterkommst, schlafe ich hier auf der Liege. Da habe ich sowieso die meiste Zeit geschlafen.« Er breitete die Arme aus und deklamierte:

> »Dem Dichter des Gottes Apollon
> genügt das bescheidene Lager,
> indes es dem Gaste gebührt,
> auf schwellenden Kissen zu ruhn.«

»Amen«, sagte Kreon.

»Warum sagst du das?«, fragte der Dichter.

»›Amen‹ bedeutet ›So sei es‹«, antwortete Kreon. »Das weiß ich von einem jüdischen Kaufmann. Er hieß Levi und legte zweimal im Jahr mit seinem Handelsschiff in Aigina an. Wenn er ein gutes Geschäft gemacht hatte, sagte er ›Amen‹. Das murmelte er auch nach jedem Gebet.«

»Ich hörte es in Judäa«, sagte Apollonius. »Vor neun Jahren war ich Augenzeuge des Kampfes um Jerusalem. Das Amen sterbender Judäer hörte sich manchmal wie Triumph an.« Kreons Magen knurrte laut.

»Willst du baden, essen, trinken oder alles zusammen?«, fragte der Dichter. »Alles zusammen«, sagte Kreon.

»Beginnen wir mit dem Bad«, entschied Apollonius. »Dann lasse ich dich neu einkleiden, weil du dich so aufgeweicht, schmutzig und abgerissen an keinen Tisch setzen darfst, und hinterher bekommst du eine Mahlzeit. Einverstanden?«

Kreon nickte ergeben.

Apollonius ging zur Tür und pfiff auf zwei Fingern. Ein Sklave eilte herbei. Der Dichter befahl ihm dem Gast ein duftendes Bad zu richten und ihn dann standesgemäß einzukleiden. Inzwischen solle hier das Frühstück serviert werden.

»Wie du befiehlst«, sagte der Sklave, verneigte sich und ging.

»Wieso darfst du ihm befehlen?«, fragte Kreon.

»Davon später«, antwortete Apollonius. »Alles zu seiner Zeit.«

Kurz darauf meldete der Sklave, dass das Bad für den Gast gerichtet sei.

Auf Kreons verwunderten Blick reimte der Dichter:

> »In vornehmen Häusern, mein Freund,
> ist stets warmes Wasser bereit.

Pompeji, das merke dir wohl,
ist reinlicher als dein Aigina.«

Der Sklave führte Kreon ins Bad, entkleidete ihn, steckte ihn in wohlriechendes Wasser und wusch ihn mit Schwamm und Seife. Dem Jungen kam alles unwirklich vor. Er fühlte sich in einer anderen Welt. »Wie bei den Göttern«, murmelte er, als ihn ein zweiter Sklave abtrocknete und dann mit parfümiertem Öl einrieb.

Und wieder faszinierte den griechischen Gast ein pompejanisches Bild. Es nahm eine Seitenfront des Baderaums ein, war jedoch nicht gemalt, sondern aus tausenden bunten Steinchen zusammengesetzt. »Mosaik« hieß das auch in Griechenland.

Das Mosaik im Baderaum zeigte aufgepeitschte Meereswogen, in denen sich Delfine und Wassernixen tummelten. In der Mitte des Bildes erhob sich der Meeresgott Poseidon mit seinem Dreizack aus der Flut.

Kreon überlegte, wie der griechische Poseidon bei den Römern hieß. Bevor es ihm einfiel, kleidete ihn ein dritter Sklave neu ein und brachte ihn zu Apollonius zurück.

»Jetzt siehst du besser aus«, lobte der Dichter den Gast.

In der Venuskammer, wie Kreon sie nannte, stand jetzt ein Tisch mit einem pompejanischen Frühstück darauf. Es bestand aus Dinkelbrot, Käse, rohen Zwiebeln und Wein, der mit Honig gesüßt und mit Wasser verdünnt war.

»Greif zu«, sagte Apollonius, »doch iss und trink nicht

zu hastig. Ein ausgehungerter Magen will vorsichtig ge-
sättigt werden.«

»Ich danke dir«, sagte Kreon, »aber – bist du wirklich nur
ein Dichter?«

»Wie meinst du das?«, fragte Apollonius.

»Du befiehlst hier den Sklaven, als ob du ihr Herr
wärst«, sagte Kreon.

»Greif zu«, wiederholte Apollonius. »Das Brot schmeckt
am besten, wenn es noch backofenwarm ist.« Er hob seinen Becher und deklamierte:

> »Es segne uns Ceres die Speise
> Und Bacchus den köstlichen Trank.«

Sie stießen an und Kreon ließ es sich schmecken. Plötzlich rief er: »Neptun!«

»Was ist mit ihm?«, erkundigte sich Apollonius.

»Vorhin fiel mir der römische Name für unseren griechischen Poseidon nicht ein«, erklärte Kreon. »Jetzt weiß ich
ihn wieder.«

»Womit wir beim Gott des Meeres wären«, meinte Apollonius. »Sagtest du nicht, dass du an den Strand von
Pompeji geschwommen seist?«

»Nicht seist«, widersprach Kreon. »Es ist die Wahrheit.«
Und er erzählte, ohne dass der Dichter ihn drängen
musste.

Kreons Geschichte

Vor sechzehn Jahren war Kreon in der griechischen Hafenstadt Aigina geboren worden. Sein Vater, ein tapferer Seemann, sei wenige Monate danach in heldenhaftem Kampf gegen Seeräuber gefallen, erzählte die Mutter später. Böse Leute behaupteten, er sei selbst ein Seeräuber gewesen und auf der Flucht vor Verfolgern umgekommen.

Kreons Mutter heiratete nicht mehr. Ihre ganze Liebe schenkte sie dem Sohn. Um seine Wünsche zu erfüllen, schuftete sie bei reichen Leuten wie eine Sklavin. Kreon machte sich keine Gedanken darüber.

Erst als ihn andere Kinder als »Hätschelknäblein« verspotteten, ärgerte er sich. »Du hast noch keine einzige Ohrfeige gekriegt«, spöttelte ein Mädchen aus der Nachbarschaft. »Musst du aber ein Musterkind sein!«

Kreon wurde undankbar und frech zu seiner Mutter. Sie tadelte ihn nicht, sah ihn nur traurig an und sorgte weiter für ihn. Er wusste nicht, wen er mehr hassen sollte: die Mutter oder sich selbst. Der Wunsch, ihrem Einfluss zu entfliehen, wurde immer stärker.

Das erste Mal lief Kreon davon, als er knapp neun Jahre alt war. Er versteckte sich im unzugänglichsten Teil der Insel Aigina. Die Männer, die ihn suchten, stöberten ihn trotzdem auf. Einer verpasste ihm eine Ohrfeige, dass ihm Sterne vor den Augen tanzten.

Die Mutter tröstete ihren armen Liebling und legte ihm einen kalten Umschlag auf die Fingerspuren.

Kreon muckte auch gegen den Lehrer auf, der ihm griechische Bildung beibringen sollte. Auch hier bekam er Schläge – und Mutter tröstete ihn immer wieder.

»So was von Affenliebe!«, schimpften die Leute. Manche Kinder gingen Kreon aus dem Weg.

Kurz vor seinem elften Geburtstag starb die Mutter. »Der Waisenknabe Kreon soll aus der Hafenstadt Aigina, wo er ein schlechtes Beispiel gibt, entfernt und in ein Dorf im Inneren der Insel verbracht werden, wo er sich selbst erkennen, sich bessern und zu einem nützlichen Bürger heranwachsen soll«, bestimmte der Rat von Aigina in geschraubter Amtssprache.

Kreon kam zu einem Sandalenmacher, mit dem er nicht verwandt war.

Der Meister hatte eine Frau, fünf Töchter und trank mehr Wein, als ihm gut tat. Als er jung gewesen war, hatte er olympischen Lorbeer im Ringen erkämpft.

Zur Begrüßung reichte er Kreon die Hand – und warf den Jungen mit kraftvollem Schwung in den Rasen vor dem Haus. Frau und Kinder klatschten Beifall.

Kreon rappelte sich auf, verbiss das Stöhnen und sagte trotzig: »In ein, zwei Jahren schmeiß ich dich ins Gras.«

»Gut gepiepst, Grünschnabel«, knurrte der Sandalenmacher. »Wenn es so weit ist, werde ich mich vor dir verbeugen. Jetzt bist du mein Lehrling, und für jede verpatzte Sandale hau ich dir ein paar hinter die Ohren.« Er grinste. »Wenn du willst, bring ich dir auch das Ringen bei. Da gibt es Griffe und Schwünge, die du vielleicht einmal brauchen kannst.«

Kreon war einverstanden. In kurzer Zeit lernte er viel. Der Meister war mit ihm zufrieden; nur die Meisterin beschwerte sich über den neuen Fresssack, der genauso viel vertilgte wie ihr Gatte in den ersten Ehejahren.

Der Meister tröstete sie: »Als Sandalenmacher ist der Junge schon recht ordentlich; im Ringkampf wird er von Tag zu Tag besser.«

Das sprach sich herum; und eines Tages bewies Kreon der Dorfjugend seine Kraft. Nachdem er den wildesten Raufbold unter den Jungen auf einen Misthaufen geschleudert hatte, nannten ihn die Mädchen den Starken.

An einem Abend, kurz vor seinem sechzehnten Geburtstag, nahmen ihn der Meister und die Meisterin beiseite. Sie machten feierliche Gesichter und taten freundlich.

Kreon war vorsichtig. Die Freundlichkeit kam ihm verdächtig vor.

»Du bist schon jetzt ein geschickter Sandalenmacher«, sagte der Meister. »In zwei, drei Jahren wirst du Meister wie ich sein. Ich und die Meisterin mögen dich sehr.«

»So ist es«, bestätigte die Frau und quälte sich ein Lächeln ab.

Kreon kniff die Daumen ein. Daumendrücken, hieß es, wehre Unheil ab.

Der Meister fuhr fort: »In wenigen Tagen wirst du sechzehn. Als ich in diesem Alter war, verlobte ich mich mit meiner jetzigen Gattin. Sie war sechzehn wie ich. Auf Aigina ist es Sitte, sich in diesem Alter zu verloben und ein Jahr später zu heiraten.«

»So ist es«, bestätigte die Meisterin.

Kreon schwieg.

Der Meister wischte sich den Schweiß von der Stirn, goss sich einen Becher Wein ein und leerte ihn in einem Zug.

»Kannst du dir nicht denken, was wir dir sagen möchten?«, schnaufte er den Jungen an.

Kreon schüttelte den Kopf.

Die Meisterin stampfte mit dem Fuß auf, zwang sich zur Ruhe und sagte so freundlich, wie es ihr noch möglich war: »Helena, unsere älteste Tochter, ist einundzwanzig Jahre alt, ehrbar und unvermählt. Heirate sie, Kreon! Dann übernimmst du in zwei, drei Jahren die Werkstätte. Ist das nicht ein Glücksfall für einen jungen Menschen, der allein und arm in der Welt steht?«

An Verlobung hatte Kreon noch nie gedacht, an Heirat noch weniger.

»Ist sie dir nicht hübsch genug?«, fauchte die Meisterin, als er nicht antwortete.

»Doch, doch«, versicherte er, schloss die Augen und sah Helena vor sich. Sie kam ihm nicht wie eine Verlobte, sondern eher wie eine Mutter vor.

»Sie mag dich«, versicherte der Meister.

»Mich?«, fragte Kreon. »Aber sie mag doch den Philippos.«

»Woher weißt du das?«, fuhr ihn die Meisterin an.

»Das weiß das ganze Dorf«, antwortete Kreon.

»Philippos, den Schmied!«, schimpfte der Meister. »Der kann mir gestohlen bleiben! Was soll ein Schmied in der Werkstätte eines Sandalenmachers? Ich brauche einen Nachfolger im Geschäft, und der bist du! Außerdem bin ich mit dem Vater des Philippos seit Jahren verfeindet!« Er schlug auf den Tisch, stürzte noch einen Becher Wein hinunter und schrie: »Komm rein, Helena!«

Sie kam sofort.

Der Meister wies auf Kreon und knurrte: »In zehn Tagen wird das Dorf eure Verlobung feiern, ein Jahr später ist Hochzeit. Das hat der Ältestenrat auf meinen Antrag hin beschlossen. Freut euch gefälligst!«

Während Helena Kreon umarmte, flüsterte sie so leise, dass nur der Junge es hörte: »Wir werden uns nicht verloben und schon gar nicht heiraten.«

»Als Verlobte mag ich dich auch nicht«, flüsterte Kreon.

»Wein her!«, schrie der Meister; und auf einmal lief das halbe Dorf vor dem Haus des Sandalenmachers zusammen. Alle ließen das »glückliche Brautpaar« schon jetzt hochleben. Die Feier dauerte bis in den Morgen hinein. Helena und Kreon stahlen sich als Erste von den Zechern weg . . .

Am Morgen war Kreon verschwunden. Nur Helena wusste, wohin er geflohen war. Sie hatte ihm Proviant mitgegeben und verriet ihn nicht.

Kreon schlug sich zum Hafen durch. Dort schwindelte er

sich auf ein klappriges Lastschiff. Die Fahrt konnte er nicht bezahlen, er besaß nicht einmal eine Kupfermünze. Die Meisterin hatte seinen Arbeitslohn in eine Tonvase gesteckt, die erst am Tag der Hochzeit zerschlagen werden sollte. Helena hatte ihm auch kein Geld geben können, sie besaß genauso wenig wie er.

Wohin das Schiff auslief, wusste Kreon nicht. Er vertraute sich gnädigen Göttern an, kroch unter Deck und versteckte sich hinter Säcken und Kisten. Als der Frachter unter knatternden Segeln den Hafen verließ, atmete der Ausreißer auf.

Im Frachtraum war es fast dunkel. Es roch muffig. Ratten huschten Kreon über die Beine. Die Dunkelheit schützte, der Geruch war zu ertragen, die Ratten ließen sich verscheuchen. Helenas Proviant würde für mehrere Tage reichen.

Die Fahrt dauerte lange. Kreon ging das Gefühl für die Zeit verloren. Sein Proviant schmolz zusammen. Das Trinkwasser, mit dem Kreon besonders sparsam umging, wurde schal.

Eines Abends kam Sturm auf. Wilde Böen schleuderten den gebrechlichen Frachter hin und her – und er kenterte. In den kurzen Pausen, die den Sturmstößen folgten, hörte Kreon die Seeleute auf dem Deck schreien.

Mit Mühe gelang es ihm, den rutschenden Kisten und Säcken auszuweichen. Das Schiff legte sich quer. Kreon hörte eine befehlende Stimme: »Alle Mann von Bord!«

Wasser drang in den Laderaum. Kreon kämpfte sich zu

einer Luke durch. Da war eine Falltür, die den Laderaum zum Deck hin abschloss. Jetzt, wo das Schiff fast auf der Seite lag, stand sie aufrecht wie eine Wohnungstür.

Mit aller Kraft drückte Kreon sie auf. Ein Wasserschwall stürzte ihm entgegen und warf ihn zurück. Nur die Hälfte der Falltür lag noch über Wasser. Die Verzweiflung verlieh dem Jungen Kraft.

Schwimmen konnte er und so kämpfte er sich ins offene Meer hinaus.

Da war Stille um ihn, der Sturm hatte sich so plötzlich gelegt, wie er ausgebrochen war. Kreon fasste eine treibende Planke, klammerte sich daran und strampelte mit den Beinen.

Nur weg vom sinkenden Schiff!

Der Sog, hatten Seeleute erzählt, reiße jeden in die Tiefe, der sich nicht schnell genug vom untergehenden Wrack entferne.

Kreon schaffte es. Als das Schiff im tödlichen Strudel versank, war er dem Sog entkommen.

Von der Schiffsbesatzung sah und hörte er nichts. Mond und Sterne beschienen eine ruhige, glatte Wasserfläche. Kreon ließ sich treiben. Rund um ihn war nichts als Wasser. Nach einiger Zeit überwältigte ihn die Müdigkeit, sosehr er sich auch dagegen wehrte . . .

Als er Wasser schluckte, wachte er auf. Er hatte das Brett verloren und musste nun richtig schwimmen. Es kam ihm wie eine Ewigkeit vor.

Die Götter waren ihm gnädig. Sie ließen ihn den Strand

vor Pompeji erreichen, hießen ihn mit geisterhaftem Leuchten über dem Vesuv willkommen und führten den Dichter Apollonius zu ihm . . .

»So war es«, schloss Kreon. »Nun sag mir, wieso du dort hinkamst, wo ich lag, und warum du hier den Sklaven befehlen darfst.«

Apollonius lächelte. »Dann muss ich dir wohl meine Geschichte erzählen.«

»Ich höre«, sagte Kreon.

Der Dichter erzählte.

Die Geschichte des Apollonius

Kurz nach seiner Geburt – das war knapp vierzig Jahre her – bekam der Knabe, der sich dann als Dichter Apollonius nannte, den Namen »Quintus« (das hieß »der Fünfte«). Er war das Kind armer Leute. Nach altem Brauch nummerierten diese ihre Söhne der Reihe nach, und Quintus war der fünfte Sohn. Der erste hieß Primus, der zweite Secundus, der dritte Tertius, der vierte Quartus. Dazu kamen zwei Schwestern, die nicht nummeriert wurden. Die eine hieß nach der Mutter »Clara«, die zweite »Sabina« wie die Großmutter.

Geboren waren Quintus und seine Geschwister in einem entlegenen Bergdorf. Für Männer, die ihre Familien einigermaßen durchbringen wollten, gab es zwei Möglichkeiten: entweder von zu Hause wegzugehen, anderswo Geld zu verdienen und es den Angehörigen zu schicken; oder – und das ging schneller – Straßenräuber zu werden. Über das Gebirge führte ein wichtiger Handelsweg. Überfälle auf Wagenzüge brachten auf einmal mehr ein als Jahre harter Arbeit bei fremden Leuten. Wenn es schief ging, war ebenso plötzlich Feierabend.

Beim Vater des Quintus ging es eines Tages schief. Er und seine Kumpane wurden gefasst. Schon am nächsten Morgen lebten sie nicht mehr. Zur weiteren Abschreckung wurden ihre Angehörigen als Sklaven verkauft. Widerstand wäre sinnlos gewesen. Im letzten Augenblick retteten sich Quintus, »der Fünfte«, und sein Bruder Quartus, »der Vierte«. Quartus war vierzehn, Quintus dreizehn Jahre alt.

Sie schlugen sich mit kleinen Diebstählen durch und hatten das Glück, dabei überrascht zu werden. Eine ältere Dame, in deren Villa sie eingestiegen waren, ertappte sie in der Küche. Dort verzehrten die Jungen heißhungrig Käse und Brot.

Sie erschraken zu Tode, doch wäre ihnen nie eingefallen, die alte Dame anzugreifen. Sie hatte ein gutes Gesicht und sagte mitleidig: »Ihr habt wohl sehr großen Hunger, wie?«

Quartus und Quintus nickten mit vollen Backen und schämten sich.

Die alte Dame wohnte mit wenigen Sklaven in der Nähe der Stadt Pompeji. Sie war die Witwe eines Viehhändlers und liebte Musik und die Dichtkunst, die ihr verstorbener Gemahl überhaupt nicht geschätzt hatte.

Jetzt hörte sie die Geschichte der beiden Jungen an und sie waren gerettet. Die Dame nahm sie in ihre Villa auf und beobachtete sie eine Zeit lang genau. Dann gab sie Quartus, dessen Talent für Handel und Wirtschaft sie erkannte, zu einem befreundeten Schankwirt in die Lehre. Quintus, dessen Augen glänzten, wenn sie Gedichte vorlas, schickte sie zu einem befreundeten Poeten in die Schule. Und weil Verfolger den der Sklaverei entflohenen Jungen nicht auf die Spur kommen sollten, wurde Quartus in »Euxinus«, Quintus in »Apollonius« umbenannt.

Euxinus hatte Glück. Nach dem Tode seines Lehrmeisters, der als Junggeselle gestorben war, erbte er dessen Schänke mit allem, was dazugehörte. Er verbesserte die Ausstattung und kaufte zwei Meisterköche und neue Tänzerinnen und Tänzer auf dem Sklavenmarkt. Vornehme Pompejaner und reiche Gäste von auswärts waren begeistert. Bei Euxinus zu tafeln und zu feiern galt schon bald als Zeichen guten Geschmacks und eines dicken Geldbeutels.

Apollonius wurde Dichter. Die alte Dame schickte ihn nach Rom, damit er dort berühmt werde. Kritiker lobten ihn. Er wurde bekannt, doch nicht reich. Manchmal luden ihn Vornehme ein, damit er ihre Gastmähler mit seinen Versen verschöne. Bargeld gab es selten. Apollonius wollte jedoch nicht nur Speise und Trank für seine Kunst, sondern auch Silber und Gold. Als er es forderte, erkannte er zu spät, dass er sich überschätzt hatte. Einflussreiche Leute luden ihn immer seltener ein.

Er machte Schulden und konnte schon bald nicht mehr die Zinsen bezahlen. Seine Gläubiger verklagten ihn bei Gericht. Ein Freund rettete ihn vor dem Schuldgefängnis.

Dieser Freund war ein römischer Ritter, ein junger Adeliger, der sich als Offizier im Kampf gegen jüdische Rebellen auszeichnen wollte. »Komm mit mir nach Judäa«, sagte er zu Apollonius. »Schreib meine Heldentaten auf, damit ich für die Nachwelt berühmt werde. Ich kann dich zwar nicht besonders gut bezahlen, doch wirst du deine Schulden los. Jedem vornehmen Römer, der sich am Kampf gegen die Aufständischen beteiligt, werden sämtliche Schulden erlassen. Die bezahlt unser hochverehrter Kaiser aus der Reichskasse.«

»Ich bin kein Adeliger«, wandte Apollonius ein.

»Als Dichter bist du ein Ritter des Geistes«, sagte der Freund. »Überleg nicht lange und komm mit. Besser als im Schuldgefängnis lebst du in Judäa auf alle Fälle.«

Apollonius ließ sich überzeugen.

Als die Gerichtsknechte kamen, um ihn abzuführen, war der Vogel ausgeflogen. Die Häscher suchten ihn nicht lange. Flüchtige Schuldner gab es in Rom mehr als genug.

Zusammen mit seinem Freund segelte Apollonius auf einer römischen Triere dem Abenteuer Judäa entgegen.

Dabei hätte der Dichter nicht fliehen müssen. In Pompeji war die alte Dame, die ihn und seinen Bruder aufgenommen hatte, gestorben und ruhte in einem Grabmal vor der westlichen Stadtmauer. Ihr Haus und alles, was dazugehörte, hatte sie ihrem »lieben Apollonius« vererbt. Euxinus war trotzdem nicht zu kurz gekommen, er besaß ja die Schänke.

Die Triere segelte unter günstigem Wind. Apollonius und sein Freund kamen früher nach Judäa, als sie gedacht hatten.

Die Heldentaten des Freundes brauchte der Dichter nicht zu verewigen. Schon am vierten Tag fiel der junge Ritter beim Sturm auf Jerusalem.

Apollonius hatte Angst vor dem Tod und schämte sich dafür. Mitten im großen Sterben erkannte er, dass er für dieses Heldentum nicht geschaffen war. Er hatte Mitleid mit Verwundeten, die zu ihren Göttern um Hilfe schrien. Der Stein aus einer Schleuder warf Apollonius nieder. Als er aus der Bewusstlosigkeit aufwachte, erlebte er Seltsames. Wie im Nebel sah er einen römischen Decurio, der ihn aus glasigen Augen anstarrte. Das Gesicht war von Brandruß geschwärzt.

»Wer – bist du?«, stammelte der Dichter.

Das schwarze Gesicht antwortete mit einer Stimme, die von weit her zu kommen schien: »Geh nicht nach Pompeji. Wenn du nach Pompeji gehst, wird Asche dich mehr als tausend Jahre lang begraben. Geh nicht nach Pompeji.«

»Wie – wieso?«, stotterte Apollonius.

»Geh nicht nach Pompeji«, wiederholte der Decurio und verschwand hinter rauchenden Trümmern.

Aus dem jüdischen Tempel schoss eine Stichflamme auf. Gellende Schreie begleiteten sie: verzweifelte Rufe in aramäischer Sprache, Triumphgeheul in der Sprache der Römer.

Apollonius rappelte sich auf, atmete tief – und spürte keine Schmerzen mehr. Er griff sich an die Brust und zuckte nicht einmal zusammen. Schließlich glaubte er, den Stein und den Decurio nur geträumt zu haben. »Alles Unsinn«, brummte er vor sich hin . . .

Den Decurio sah er nie wieder. Er blieb eine Zeit lang in

Judäa und verdiente mit Auftritten vor römischen Legionären einen bescheidenen Lebensunterhalt.

Vier Jahre nach dem Ende des Krieges kehrte er auf einem Handelsschiff nach Italien zurück. Mit jahrelanger Verspätung und auf weiten Umwegen hatte ihn eine Botschaft seines Bruders erreicht.

»Deine Schulden sind bezahlt«, teilte ihm Euxinus mit. »Du wirst nicht länger verfolgt.« Apollonius ging in Pompeji an Land. Der Schiffskapitän selbst brachte ihn in die Schänke des Bruders. Euxinus schien vom Wiedersehen kaum begeistert. »Ich teilte dir mit, dass du nicht länger als entlaufener Schuldner verfolgt wirst«, brummte er unfreundlich. »Dass du jetzt bei mir unterkommst, ist nicht geplant.«

Apollonius erfuhr, dass ihm die alte Dame ihren gesamten Besitz vererbt hatte. Da der Erbe geflohen war, wurde alles versteigert. Der Erlös reichte gerade, um die Schulden des Dichters und die Wucherzinsen zu bezahlen.

»Was willst du jetzt tun?«, fragte Euxinus.

»Essen und trinken«, antwortete Apollonius. »Der Fraß auf dem Schiff war scheußlich.«

»Hmm«, brummte Euxinus.

Apollonius war bitter enttäuscht. »Dann eben nicht«, knurrte er und zischte zwei böse Verse:

>»Wer Dichter verachtet,
>der ist für mich und die Götter ein Büffel!«

Da erkannte er das Funkeln in den Augen des Bruders und begriff, dass Euxinus ihn foppte. Er blinzelte ihm zu und deklamierte weiter:

> »Doch trifft es mitnichten das Schlitzohr,
> das den hungrigen Bruder nur täuscht.«

»Bravo!«, rief Euxinus und sie umarmten einander. »Du bist zwar ein Luftikus«, sagte der Wirt, »aber wir sind Brüder und halten zusammen.« Er schlug Apollonius auf die Schulter. »Jetzt und für alle Zeit!«

»Amen«, sagte der Dichter.

Euxinus wies ihm zwei Räume im Hintergebäude zu: die »Venuskammer« und den anschließenden Schlafraum. »So ganz kostenlos tu ich es nicht«, sagte er augenzwinkernd. »In meine Schänke kommen oft gebildete Gäste. Die sollst du mit deinen Gedichten und Erzählungen aus Judäa unterhalten. Einfacheren Gemütern könntest du vielleicht Freundschafts-, Glückwunsch- und Liebesgedichte verfassen.«

Apollonius schnitt eine Grimasse. Er, der begnadete Poet, sollte sich zum Gelegenheitsdichter erniedrigen? Undenkbar!

Euxinus erriet die Gedanken des Bruders. »Sei nicht dumm«, redete er ihm zu. »Als großer Dichter wirst du in Pompeji bestimmt gelobt werden – und Hunger leiden, weil dir kaum jemand anspruchsvolle Werke abkaufen wird. Die meisten Leute wollen sich nicht die

Köpfe über das zerbrechen, was sie hören und lesen. Sie möchten unterhalten werden. Schreib jungen Verliebten Liebesgedichte, das zahlt sich aus. Ich kenne meine Pompejaner.« Er hielt Apollonius die Hand hin. »Schlag ein, Bruderherz. Dichte für den täglichen Gebrauch und gönn dir ein gemütliches Leben. Vom Nachruhm hast du nichts.«

»Du verstehst nichts von wahrer Kunst«, murmelte der Dichter.

»Mag sein«, gab Euxinus zu. »Dafür versteh ich umso mehr von Geschäften. Ich weiß, dass du von ewigem Ruhm träumst. Schreib meinetwegen deine großartigen Gedanken auf, die dich nach deinem Tod berühmt machen sollen, doch vergiss nicht die einfachen Dinge, die Geld zum Leben einbringen.«

Apollonius überlegte lange, dann nahm er den Vorschlag des Bruders an. Er bereute es nicht. Schon bald wurde er in Pompeji und darüber hinaus als Dichter bekannt, dessen Verse nicht nur gebildete Gäste des Euxinus erfreuten, sondern auch junge Damen, denen Verehrer wunderschöne Gedichte schenkten. Diese waren mit dem Namen des Freundes unterschrieben, obwohl sie von Apollonius stammten. Für den Namen bezahlten die Kunden genauso viel wie für das ganze Gedicht.

Immer häufiger huschten junge Leute in die Venuskammer des Dichters, um zärtliche Verse zu bestellen. Schon bald bezahlte Apollonius dem Bruder eine angemessene Miete . . .

»Das ist meine Geschichte«, sagte er jetzt zu Kreon. »Nun weißt du auch, warum ich den Sklaven hier befehlen darf. Ich bin der Bruder ihres Herrn.«

»Wieso kamst du an den Strand, auf den ich mich gerettet hatte?«, fragte der Junge.

»Zweimal in der Woche gehe ich morgens zum Meer«, sagte der Dichter. »Dort höre ich von der Höhe aus dem Rauschen der Wellen zu, lasse meinen Blick über die weite Wasserfläche streifen und suche nach Versen, die mich berühmt machen sollen. Da stolperte ich über dich und jetzt bist du da.«

»Der schwarze Decurio prophezeite dir Unheil in Pompeji«, wandte Kreon ein.

»Purer Unsinn«, sagte Apollonius. »Jetzt lebe ich schon einige Jahre hier. Wie du siehst, liege ich noch immer nicht unter Asche begraben.«

»Von dem Decurio hast du bis heute nichts mehr gehört?«, erkundigte sich der Junge.

»Nichts mehr«, antwortete der Dichter. »Hat es geschmeckt?«

Kreon nickte. »Ausgezeichnet.«

»Dann solltest du jetzt schlafen«, schlug Apollonius vor.

»Jetzt?«, fragte Kreon gähnend. »Am hellen Tag?« Apollonius schmunzelte und reimte:

>»Die Nacht über bist du geschwommen,
> nun möge der Tagschlaf dich laben.
> Dein Haupt auf den schwellenden Kissen

genieße die Wohltat der Ruhe.
Träum friedlich von himmlischen Wonnen,
und stör meinen Geist nicht mit Schnarchen.«

Er schubste Kreon in die Schlafkammer und zog die Tür
hinter ihm zu.

Die »schwellenden Kissen«, von denen der Dichter gesprochen hatte, fühlten sich hart an. Sie waren mit Stroh
ausgestopft. Apollonius liebte es, auf Stroh statt auf Dau-
nen zu ruhen. Er behauptete, dass trockene Halme des
edlen Getreides den Geist viel besser beflügelten als
Ausgerupftes vom dämlichen Federvieh.

Am Fuße der Liege stand eine große Bodenvase. Ein
Künstler hatte die Heldentaten des Hercules auf den Ton
gemalt.

Kreon warf nur einen Blick darauf; dann starrte er wie
gebannt auf das Mosaik an der dem Fenster gegen-
überstehenden Wand. Es zeigte das aus schwarzen
Steinchen zusammengesetzte Skelett eines Menschen.
Darunter hatte jemand »Memento mori« geschrieben
(»Denk daran, dass du sterben musst«).

Je länger Kreon das Mosaik ansah, desto undeutlicher
wurde das Bild. Es verschwamm vor den Augen. Bleierne Müdigkeit überfiel den Jungen. Er sank auf das Lager
und zuckte kaum zusammen, als ihn ein Strohhalm in
die Wange stach.

Kreon träumte.

Das Skelett verwandelte sich in einen römischen Krieger

mit rußgeschwärztem Gesicht. Vor ihm lag der Dichter Apollonius. Kreon erkannte ihn sofort und er hörte die Stimme des Römers: »Geh nicht nach Pompeji. Wenn du nach Pompeji gehst, wird Asche dich mehr als tausend Jahre lang begraben. Geh nicht nach Pompeji!«

Dann fiel Asche vom Himmel und begrub den Dichter unter sich. »Nein!«, schrie Kreon. »Nein! Nein!!« Die eigenen Schreie weckten ihn.

Apollonius stieß die Tür der Schlafkammer auf. »Was ist?«, fragte er erschrocken.

Kreon rieb sich die Augen. »Gut, dass du da bist«, murmelte er verwirrt. »Ich sah dich unter Asche liegen.«

»Du hast geträumt«, brummte der Dichter unwillig. »Schlaf weiter und stör mich nicht noch einmal. Soeben waren mir Verse für ein Epos eingefallen.«

»Entschuldige«, bat Kreon.

»Apollonius!«, rief jemand aus dem Hofraum herauf.

»Heute komme ich wohl kaum zu vernünftiger Arbeit«, grollte der Dichter und verschwand.

Kreon schloss die Augen, doch einschlafen konnte er nicht mehr. Immer wieder sah er Asche auf Apollonius fallen. Wenn er die Augen öffnete, grinste ihn das Skelett an der Wand mit entblößten Zähnen an.

Aus der Venuskammer hörte er die Stimmen des Dichters und eines fremden Mannes. Er richtete sich auf, lauschte und hörte den Fremden sagen: »Ich bin Marius Corvus und bewirtschafte einen Gutshof vor den Mauern.«

»Ich habe von dir gehört«, antwortete Apollonius. »Mein

Bruder, der Wirt Euxinus, lobt deinen Wein und deinen Schafskäse. Was kann ich für dich tun?«

»Die Leute nennen dich einen großen Dichter«, sagte der Besucher.

»Das ist übertrieben«, wehrte Apollonius bescheiden und geschmeichelt zugleich ab. »Doch wenn du wegen eines Gedichtes kommst, helfe ich dir gern.«

»Meine Tochter Lea wird demnächst vierzehn Jahre alt«, erklärte Marius Corvus. »Da möchte ich sie mit einem Gedicht überraschen. – Nun ja, eigentlich ist sie meine Adoptivtochter, aber ich habe sie so lieb, als ob sie meine eigene wäre. Sie ist in Judäa geboren. Vielleicht könntest du etwas über Jerusalem in das Gedicht einflechten.«

»Jerusalem?«, fragte Apollonius überrascht. »Auch ich war dort; damals, als der Tempel brannte. Da hatte ich ein seltsames Erlebnis mit einem geschwärzten Decurio.«

Kreon war zur Tür gehuscht, hatte sie einen Spaltbreit geöffnet und blinzelte zu den Männern hinaus. Er sah, wie der Fremde die Augen schloss, und hörte ihn mit einer Stimme reden, die von weit her zu kommen schien: »Geh nicht nach Pompeji. Wenn du nach Pompeji gehst, wird Asche dich mehr als tausend Jahre lang begraben. Geh nicht nach Pompeji!«

»Das – genau das prophezeite mir der schwarze Decurio«, stammelte Apollonius.

»Ich war dieser Decurio«, sagte Marius Corvus. »Warum hast du meine Warnung nicht befolgt?«

Der Lauscher Kreon hörte ein leises Grollen, das aus den Tiefen der Erde zu kommen schien. Einen Augenblick lang glaubte er, dass der Boden unter ihm zitterte.

Die Männer in der Venuskammer schienen nichts gehört und nichts gespürt zu haben.

»Ich wohne schon seit einigen Jahren in Pompeji«, sagte Apollonius unsicher. »Wie du siehst, bin ich am Leben geblieben.«

»Noch ist es Zeit«, sagte Marius Corvus mit der fremden Stimme.

Apollonius fasste sich, packte den Besucher bei den Schultern und schüttelte ihn. »Hör auf damit!«, fuhr er ihn an. »Träum nicht am helllichten Tag! Sprechen wir über das Gedicht für deine Tochter!«

Marius Corvus schüttelte den Kopf. »Vergiss es«, sagte er kalt, »denk an dein Leben.« Er nickte Apollonius zu, murmelte einen Gruß und ging.

»Unsinn!«, rief der Dichter. Jetzt war er wütend.

Kreon kam in die Venuskammer. »Es ist kein Unsinn«, behauptete er aufgeregt. »Die Götter der Unterwelt haben gegrollt und die Erde zittern lassen. Ich hab es gehört und gespürt.«

Apollonius seufzte. »Noch ein Verrückter. Gehen wir an die Luft, damit du nicht weiterhin träumst.«

Der Wolf

Wie ein Geistesabwesender ging Marius Corvus nach Hause. Er blickte starr vor sich hin, sah mit offenen Augen Vergangenes und hörte längst verwehte Worte. Er sah den jüdischen Priester und hörte ihn sprechen: »Du wirst Unheil voraussehen, das anderen droht. Du wirst sie warnen, doch sie werden dir nicht glauben.«

»Nimm den Fluch von mir«, stöhnte Marius. »Lass den Dichter glauben, dass ihm in Pompeji Unheil droht. Lass ihn fliehen – ich bitte dich!«

Einige Leute, denen er begegnete, hielten ihn für betrunken. Eine Frau sagte zu ihrem Mann: »Am frühen Vormittag schon beduselt! Was für ein schlechtes Beispiel für junge Menschen!« Sie stupste ihren Mann an. »Lass dir so etwas nie einfallen, Beatus!«

Marius Corvus hörte es nicht. Als er durch das Stadttor ging, grüßten ihn die Wächter. Er gab keine Antwort.

Kurz vor seinem Landgut liefen ihm Lea und Amos entgegen.

»Ein Wolf war da!«, riefen sie aufgeregt.

Marius Corvus erwachte wie aus einem Traum. »Was für ein Wolf?«, fragte er unsicher.

»Als die Erde zitterte, heulte er vor dem Hoftor«, erzählte Lea.

»Zwei Sklaven packten Knüppel und liefen auf ihn zu. Wir rannten hinterher«, warf Amos ein. »Der Wolf fletschte nicht einmal die Zähne. Er heulte noch einmal und verschwand.«

»Wie war das mit dem Erdbeben?«, erkundigte sich Marius.

»Zuerst grollte es, dann zitterte der Boden«, erzählte Lea weiter.

»Nur ganz kurz«, sagte Amos, »aber wir haben es gehört und gespürt. Du nicht, Vater?«
Marius Corvus schüttelte den Kopf.

»Vielleicht wollte der Wolf uns warnen«, meinte Lea.

»Wahrscheinlich war er auf Beute aus«, sagte Marius Corvus.

Amos widersprach ihm: »Bestimmt nicht, Vater. Wenn Wölfe Beute machen wollen, kommen sie in der Dämmerung, und da meist in Rudeln. Und sie heulen nicht, wenn sie sich anschleichen. Das weiß ich von unseren Hirten.«

»Richtig«, gab Marius zu. »Dann dürfte er verletzt gewesen sein. Verletzte Tiere suchen manchmal auch bei Menschen Hilfe – aber dieser Wolf lief dann ja davon.«

»Vor den Knüppeln der Sklaven«, sagte Lea. Sie blieb bei ihrer Überzeugung: »Er wollte uns warnen. Vielleicht hat es etwas mit dem Erdbeben zu tun.«

»Bestimmt!«, rief Amos.

»Das Erdbeben hätte auch ich merken müssen«, meinte Marius Corvus. »Ich habe nichts gespürt und nichts gehört. Reden wir nicht mehr davon.«

Da erschraken die Kinder und Marius Corvus zuckte zusammen. Vom Hang des Vesuvs herunter klang lang gezogenes Wolfsgeheul.

»Das ist er!«, riefen Lea und Amos.

Sie starrten nach oben. Dort packten die Schafhirten ihre Waffen und schwärmten aus. Der Wolf war nicht zu sehen, er heulte auch nicht mehr.

»Kommt ins Haus«, sagte Marius zu den Kindern. Am Hoftor trafen sie mit den beiden Sklaven zusammen, die den Wolf verfolgt hatten. »Wir fanden nicht die kleinste Spur von ihm«, berichteten sie. Von einem kurzen Grollen aus der Erde und einem Erdstoß hatten sie nichts gemerkt.

Auch Esther schüttelte den Kopf, als Marius sie nach dem Dröhnen und Beben fragte. Und der Hauslehrer meinte: »Irgendetwas wackelt immer.«

Lea und Amos sagten nichts mehr . . .

Am Nachmittag und am nächsten Morgen erkundigte sich Marius Corvus bei Nachbarn und in der Stadt, doch alle schüttelten die Köpfe.

Der Bäcker Petronius sagte: »Das große Erdbeben, das vor siebzehn Jahren Pompeji verwüstete, vergessen wir, die es erlebt haben, nie. Jetzt würde mich das geringste Zittern der Erde aufschrecken.«

»Richtig«, stimmte eine Frau zu, die bei ihm Brot kaufte. »Damals hätten uns die Götter gezürnt, sagten die Priester. Nach dem Erdbeben und reichen Opfern sei der Götterzorn verraucht und Pompeji dürfe wieder aufgebaut werden, verkündeten die Priester ebenfalls. Warum sollten die Himmlischen jetzt wieder zuschlagen? Wir haben ihnen schönere Tempel als vorher gebaut; die zerstören sie doch nach so kurzer Zeit nicht wieder!«

Und der Bäcker setzte fast dasselbe hinzu, was der Hauslehrer gesagt hatte: »Irgendwo wackelt immer was. Vielleicht war's ein Maulwurf.«

Von dem Wolf, dessen Geheul viele Leute gehört hatten, wurde eine Zeit lang geredet. Einer der Hirten hatte erzählt, dass er dicht an das unheimliche Tier hinangekommen sei. Da habe es sich in Luft aufgelöst und einen üblen Geruch zurückgelassen.

Der Hirt war als Großmaul bekannt, die meisten Leute lachten ihn aus. Einige glaubten ihm und sprachen von einem Geisterwolf. Ein ganz Vorsichtiger ging in den Tempel der ägyptischen Isis, deren Orakel für seine treffenden Weissagungen berühmt war. Für eine Spende in den Tempelschatz befragte der Oberpriester die Göttin.

Aus dem Mund der überlebensgroßen Statue kam die Antwort, dass die Stadt Pompeji und das Umland unter dem Schutz der mächtigen Isis ständen und keine Gefahr zu befürchten sei.

Ähnlichen Trost erhielten Ängstliche auch im Tempel der Kapitolinischen Trias (in dem Jupiter, Juno und Minerva gemeinsam verehrt wurden) und im Tempel des Apollo. Die Götter seien gnädig, verkündeten die Priester auch dort.

Der Wolf wurde vergessen. Ein viel bedeutenderes Ereignis beschäftigte die Pompejaner und die Leute im

Umland. Titus war römischer Kaiser geworden, das sollte im gesamten Reich gefeiert werden.

Der Rat von Pompeji beschloss, dem neuen Imperator zu Ehren Kampfspiele im Amphitheater zu veranstalten. Gegen eine ansehnliche Bestechungssumme versprach ein hoher kaiserlicher Beamter, die berühmtesten römischen Gladiatoren nach Pompeji zu senden, dazu einen afrikanischen Löwen und einen iberischen Stier.

Einer der beiden Ädilen übernahm die Organisation der Spiele und überlegte, welche Sensationen er dem erwartungsvollen Volk noch bieten könne. Über genügend Kämpfe Mann gegen Mann musste er sich den Kopf nicht zerbrechen. Faust-, Schwert- und Netzkämpfer gab es in der Gladiatorenkaserne von Pompeji genug. Sie waren nicht so berühmt wie die römischen, doch bei den Leuten beliebt. Der Ädil suchte etwas Besonderes, das seinen Ruhm durch das ganze Reich tragen sollte.

Vorschläge seiner Ratgeber waren ihm nicht sensationell genug. Er grübelte und grübelte, doch der zündende Funke blieb aus.

Das große Fest sollte mehrere Tage lang dauern und in eineinhalb Monaten beginnen. Geplant waren die Enthüllung einer Titus-Statue, Opfer für Kaiser Augustus, der vor fünfundsechzig Jahren gestorben war und nach seinem Tod als Gott verehrt wurde; das Fest der Thronbesteigung des Titus und eine Feier zu Ehren des Feuergottes Vulcanus.

Ein Neffe des neuen Kaisers werde den Feierlichkeiten

und Spielen beiwohnen, meldete ein Bote aus Rom. Das war ein zusätzlicher Anreiz für den Ädil, sich den Kopf zu zerbrechen.

In Pompeji und im Umland war hektischer Betrieb. Handwerker und hunderte von Sklaven säuberten das riesige Amphitheater, seine zwölftausend Zuschauerplätze und die Kammern, in denen Gladiatoren, wilde Tiere, verurteilte Sklaven und Verbrecher auf ihre Auftritte in der Arena warteten. Schäden wurden ausgebessert, die Kaiserloge und die Plätze der Ehrengäste geschmückt.

Schneider, Schuhmacher und Schmuckhändler rieben sich die Hände. Vornehme und reiche Pompejaner wollten den Gästen aus Rom zeigen, dass es auch in ihrer Stadt glitzernde Eleganz gab. Eine Dame ließ sich ein Festkleid anfertigen, das so viel kostete wie ein Haus vor der Stadtmauer. Die Preise für Schmuck, feines Leder und edle Stoffe stiegen auf das Doppelte und Dreifache und wurden bezahlt.

Ein bekannter Sandalenmacher, der bisher einen Gesellen und fünf Sklaven beschäftigt hatte, stellte sieben weitere Sklaven ein, ließ sie in zwei Schichten arbeiten und wurde ein reicher Mann.

Es gab nur wenige, die der Festtaumel kalt ließ. Zu ihnen gehörte der Dichter Apollonius. Er hatte gehofft, ein großes Festgedicht vor Beginn der Kämpfe in der Arena vortragen zu dürfen, und war abgewiesen worden. »Im Amphitheater wollen die Leute Kämpfe sehen und keine Verslein hören«, hatte der Ädil gespottet. Apollonius war beleidigt. Jetzt konnte ihm das ganze Affentheater gestohlen bleiben!

Kreon tröstete ihn: »Was versteht der Ädil schon von Kunst«, sagte er. »Sprich deine Verse vor Leuten, die sie zu schätzen wissen.«

»Vielleicht hast du Recht«, brummte der Dichter.

»Bestimmt hab ich Recht«, versicherte Kreon. »Denk an den Mann, der ein Geburtstagsgedicht für seine Tochter bestellte. Der versteht etwas von Kunst.«

»Meinst du Marius Corvus?«, fragte Apollonius unwillig.

Kreon nickte. »Ja, den meine ich. Seiner Tochter würde dein Gedicht sicher gefallen.«

»Er wollte es ja nicht mehr«, murrte der Dichter.

»Weil du nicht an seine Prophezeiung glaubst«, sagte der Junge. »Er fühlt sich von dir genauso beleidigt wie du dich vom Ädil.«

»Na hör mal!«, begehrte Apollonius auf. »Ich bin mit Recht wütend, Marius Corvus ist zu Unrecht eingeschnappt. Seine Prophezeiung ist nicht eingetroffen!«

»Aber sein Geld könnten wir brauchen«, sagte Kreon. »Mehrere Leute, für die du Gedichte geschrieben hast, lassen sich Zeit mit dem Bezahlen. Und ich arbeite noch nicht lange genug beim Sandalenmacher. Den ersten Lohn bekomme ich in zweieinhalb Wochen.«

»Soll ich aus Pompeji verschwinden, damit ich dem verrückten Corvus ein Gedicht schreiben darf?«, brummte Apollonius.

Kreon beruhigte ihn. »Aber nein. Ich denke an etwas anderes. Heute Nachmittag habe ich frei. Da könnte ich zu Marius Corvus gehen und ihn überreden, das Gedicht zu bestellen. Vielleicht bring ich auch einige seiner Leute dazu, deine Kunden zu werden.«

Apollonius überlegte.

»Nun?«, drängte Kreon.

»Was willst du ihm denn sagen?«, fragte der Dichter misstrauisch.

Kreon zuckte die Achseln. »Das überleg ich unterwegs. Drück mir die Daumen.«

Apollonius beschrieb ihm den Weg und Kreon lief.

Als der Junge gegangen war, rieb sich der Dichter die Hände. »Kreon wird staunen, wenn er es erfährt«, sagte Apollonius zu sich selbst. Er kicherte, goss sich einen Becher Wein ein und schlürfte genussvoll.

Ja, Kreon würde staunen!

Zum zweiten Mal in seinem Leben hatte Apollonius unverschämtes Glück. Ein adeliger Pompejaner, der für die ernsthaften Werke des Dichters schwärmte, ging als Rechtsberater des römischen Statthalters nach Gallien. Mindestens zehn Jahre, hieß es, werde er dort bleiben.

In Pompeji besaß er ein kostbar eingerichtetes Haus. Es stand im Westen der Stadt, nahe dem Forum.

Kostbar waren die Mosaiken und Gemälde darin. Sie zeigten Szenen aus der griechischen Götter- und Heldenwelt; so das Wiedersehen des nach langer Irrfahrt heimgekehrten Odysseus mit seiner Gemahlin Penelope; die Entführung der Jungfrau Europa durch den Göttervater Zeus, der sich in einen Stier verwandelt hatte; Seeungeheuer, jagende Kentauren und kunstvolle Statuetten in Nischen, alles von Meisterhänden geschaffen.

In dieses »Schmuckkästchen«, wie der Besitzer es nannte, sollte morgen oder übermorgen der verehrte Dichter Apollonius einziehen und dort wohnen dürfen, solange der Hausherr in Gallien lebte. Die Haussklaven und -sklavinnen sollten zurückbleiben und dem neuen Herrn dienen.

Das alles kostenlos! Apollonius wagte es kaum zu glauben. Er hatte sich beherrschen müssen, um es Kreon nicht brühwarm zu erzählen. Der Junge sollte es erst erfahren, wenn Apollonius sagen konnte: »Jetzt ziehen wir um und werden vornehm.«

Als Kreon zum Landgut des Marius Corvus kam, sagte ihm eine Sklavin, dass von den Herrschaften nur die junge Dame Lea und der junge Herr Amos zu Hause seien. Marius Corvus und Esther hielten sich in Pompeji auf.

Die Sklavin führte Kreon zu Lea. Der Junge grüßte, das Mädchen nickte ihm zu. Und Kreon, den sie auf der Insel Aigina den Starken genannt hatten und der von einem sinkenden Schiff weg eine weite Strecke an Land geschwommen war, wusste nicht, was er sagen sollte. Er starrte das Mädchen an, bewegte die Lippen und schwieg.

Sie standen im Atrium. In der Mitte plätscherte ein Springbrunnen.

»Ich bin Lea«, sagte das Mädchen.

»Ich – ich bin Kreon«, stotterte der Junge und ärgerte sich über sein Gestammel. Er starrte Lea an. Sie war groß und schlank, hatte dunkle Augen, pechschwarze Haare und ein wunderschönes Gesicht – wie die Göttin Aphrodite, die die Römer Venus nannten.

Lea erinnerte Kreon an eine Statue, die er in einem griechischen Tempel gesehen hatte – nur war die Aphrodite dort aus Marmor gewesen – und das Mädchen da . . .

Lea riss ihn aus seinen Gedanken. »Du willst bestimmt mit meinem Vater sprechen«, sagte sie. »Leider ist er nicht zu Hause. Soll ich ihm etwas ausrichten?«

Kreon war auch von ihrer Stimme bezaubert. »Ja«, antwortete er hastig, und: »Nein«, verbesserte er sich rasch. »Es ist – etwas Geschäftliches. Mein Freund, der Dichter Apollonius . . .« Er unterbrach sich mitten im Satz, schüttelte den Kopf und gestand: »Entschuldige, aber das darf ich wirklich nur Marius Corvus sagen.«

Lea lächelte. »Mein Vater erzählte mir, dass Apollonius ein Geburtstagsgedicht für mich schreiben sollte. Dann hätten sie sich wegen einer Prophezeiung zerstritten, und es wurde nichts daraus. Kommst du deswegen?«

Kreon antwortete nicht darauf. Er sah nur die dunklen Augen und hörte die dunkle Stimme.

»Kommst du deswegen?«, fragte Lea etwas lauter.

Kreon schrak auf. »Ja«, murmelte er verlegen. »Ja, ja.«

»Mein Geburtstag ist vorbei«, sagte das Mädchen.

»Schade«, meinte Kreon. »Dann muss ich ja wohl gehen.«

»Schade«, sagte auch Lea.

Dann schwiegen sie, sahen einander an und schauten schnell zu Boden, wenn sich ihre Blicke trafen.

Da platzte Amos herein. »Die Sklavin Clara sagte, dass wir Besuch hätten!«, rief er, stutzte, schnippte mit Daumen und Mittelfinger und sagte: »Ihr seht aus, als ob ihr ineinander ver. . .«

»Schweig!«, fuhr Lea ihn an; und zu Kreon sagte sie: »Das ist Amos, mein ungezogener Bruder.«

»Angenehm«, murmelte Kreon.

»Er hat sich in dich vergafft, Schwesterchen«, spöttelte Amos, »aber ihr habt einen guten Geschmack. Ihr gefallt mir beide. Ist er von deinen Freunden ein besonderer Freund von dir?«

Lea griff nach einer Vase am Brunnenrand.

Amos duckte sich. Die Vase knallte hinter ihm auf den Fußboden, mitten in ein buntes Mosaik hinein. »Sie ist hin«, stellte Amos fest. »Vater mochte sie nicht besonders.« Er stieß die Scherben mit dem Fuß zur Seite. »Und wer bist du?«, fragte er den Gast.

»Kreon«, antwortete dieser.

»Klingt griechisch«, meinte Amos.

»Ich bin Grieche«, sagte Kreon.

»Wie bist du nach Pompeji gekommen?«, erkundigte sich Amos.

»Hör auf zu fragen und verschwinde!«, fuhr Lea ihn an.

Amos dachte nicht daran und Kreon war ihm dankbar dafür. So konnte er das Mädchen verstohlen bewundern, wie er glaubte. »Wie ich nach Pompeji gekommen bin, ist eine lange Geschichte«, sagte er.

»Spannend?«, fragte Amos.

Kreon nickte. »Sehr.«

»Toll!«, rief Amos. »Lange spannende Geschichten mag ich! Erzähl uns deine, griechischer Freund meiner Schwester.« Er setzte sich auf den Brunnenrand und schlug die Beine übereinander. »Fang an«, sagte er, »ich höre.«

»Du bist ekelhaft, Amos!«, fauchte seine Schwester. »Er ist nicht mein griechischer Freund! Ich sehe ihn heute zum ersten Mal.«

»Zum ersten Mal lernt man jeden kennen, den man kennt«, meinte Amos. Er zwinkerte Kreon zu. »Ich denke, dass du gern noch eine Weile bleiben möchtest.«

»Ich will nicht weiter stören«, sagte Kreon verlegen.

»Fang schon an«, drängte Amos.

Lea klatschte in die Hände. Eine Sklavin erschien. »Bring Obst«, befahl Lea.

Die Sklavin ging und Lea sagte zu Kreon: »Auch ich werde dir zuhören.«

Kreon atmete auf.

Die Sklavin brachte auf einem Tischchen Weintrauben, Oliven und Pistazienkerne, dazu drei Becher Wasser aus dem Hausbrunnen. Wasser war kostbar in Pompeji. Es wurde in langen Rohrleitungen von weit her zugeführt. Marius Corvus besaß außerdem drei eigene Brunnen, aus denen Sklaven das Wasser in hölzernen Eimern nach oben zogen. Dieses Brunnenwasser war besonders klar und frisch.

»Greif zu und erzähle«, sagte Amos zu Kreon. »Unser Hauslehrer ist nicht dabei, da darfst du auch mit vollem Mund reden.«

Lea sah ihn strafend an.

»Schon gut, Schwesterchen«, spöttelte Amos, steckte eine Hand voll Pistazienkerne in den Mund und kaute.

»Bitte«, sagte Lea zu Kreon, sah ihn an und senkte die Augen.

Kreon hatte das Gefühl, als ob ihm der Mund zugeklebt sei. Er trank vier Schluck Wasser, bis es besser wurde.

Dann erzählte er von Aigina und dem Tod seiner Eltern; von seiner Lehre bei dem Sandalenmacher und dass er dessen älteste Tochter heiraten sollte; von seiner Flucht auf dem Schiff, dem Schiffbruch und wie er nach Pompeji gekommen war. »Die Götter waren mir gnädig«, sagte er zum Schluss. »Sie führten Apollonius zu mir und lassen mich als Sandalenmacher in Pompeji arbeiten.«

»Toll!«, schnaufte Amos. »So schwimmen wie du möcht ich auch können.«

»Ich möchte es nicht mehr müssen«, gestand Kreon. »Als ich den Strand von Pompeji sah, musste ich die letzten Kräfte zusammennehmen, um nicht . . .«

». . . abzusaufen«, warf Amos ein.

Wieder warf ihm Lea einen zornigen Blick zu, doch Kreon sagte: »Er hat Recht.«

Dafür bekam er von Amos ein Lob. »Du bist in Ordnung«, erklärte der Junge. »Ich bin einverstanden, dass du der Freund meiner Schwester wirst.«

Das war zu viel für Lea. Sie dachte zwar dasselbe, doch Amos hatte kein Recht, es so offen auszusprechen. »Verschwinde!«, fuhr sie ihn an.

Amos grinste und blieb.

Lea beherrschte sich mühsam. »Hör nicht auf ihn, Kreon«, bat sie. »Jetzt möchte ich doch etwas fragen, aber lach mich nicht aus.«

»Nie«, versprach Kreon.

»An dem Tag, an dem unser Vater bei Apollonius war, grollte und bebte die Erde«, sagte Lea, »ganz kurz nur, aber deutlich.«

»Stimmt«, bestätigte Amos. »Ich und Lea hörten und spürten es, aber niemand glaubt uns.«

»Auch ich habe es gehört und gespürt«, sagte Kreon, »und Apollonius glaubt es mir ebenfalls nicht.«

»Ob es Schlimmes bedeutet?«, meinte Lea. »Nachher heulte auch noch der Wolf.«

»Zu dumm, dass uns niemand glaubt«, sagte Amos ärgerlich.

»Jetzt muss ich aber gehen«, sagte Kreon. »Aus den Geburtstagsversen wird nichts mehr. Ein Gedicht, das zu spät kommt, macht keine Freude.«

»Vielleicht möchte Esther eines«, meinte Lea. »Komm in

ein, zwei Tagen wieder. Dann ist sie zu Hause, und wir können – ich meine – du kannst mit ihr reden.«

Kreon strahlte sie an. »Gern, Lea.«

Als er ging, waren die Obstschalen nur zur Hälfte leer. Jetzt futterte Amos den Rest.

Zu Hause erwartete der Dichter Apollonius seinen Freund Kreon in bester Laune. »Halt dich fest, Junge!«, rief er strahlend.

»Deine Augen glänzen vom Wein«, sagte Kreon, »doch freust du dich zu früh. Aus dem Gedicht für die Tochter des Corvus wird nichts. Ihr Geburtstag ist vorbei.«

Apollonius winkte ab. »Das Gedicht kann mir gestohlen bleiben«, erklärte er fröhlich. »Morgen ziehen wir in ein herrschaftliches Haus um und werden vornehm. Zunächst sollte der Umzug später stattfinden, aber mein Wohltäter hat die Villa schon heute verlassen. Ab morgen wird sie ›das Haus des Dichters‹ sein.«

Er erzählte von dem Gönner, der mit seiner Familie nach Gallien unterwegs war und dem verehrten Apollonius die Villa kostenlos überlassen hatte.

»Selbstverständlich kommst du mit, Kreon«, sagte der Dichter. »Zu deinem Sandalenmeister kannst du von der Villa aus zu Fuß gehen, es ist nur eine kurze Strecke.« Er schmunzelte. »Ab morgen bist du ein vornehmer Geselle.«

Kreon wusste nicht, was er sagen sollte.

Apollonius lachte. »Sag nichts, lieber Freund. Freu dich mit mir.«

Kreon freute sich ehrlich. Um den Dichter nicht zu kränken, trank er einen halben Becher Wein mit dem Beduselten. Dann trug er Apollonius zu Bett und der Dichter schlief sofort ein . . .

Am nächsten Mittag, als die meisten Leute in Pompeji die Hitze des Tages verdösten, zogen Apollonius und Kreon aus der Schenke des Euxinus in das »Haus des Dichters« um. Ihre Habe fand in einem Eselskarren Platz. Kaum jemand beachtete sie.

Und wieder geschah Seltsames. Am späten Abend erschien ein Fremder in der neuen Wohnung und fragte nach dem Dichter. Der Mann war hoch gewachsen, schlank und dunkel gekleidet. Er trug einen schwarzen Vollbart und schütteres schwarzes Haupthaar. Apollonius erinnerte er an einen jüdischen Priester.

»Womit kann ich dir helfen?«, erkundigte sich der Dichter.

»Mit einem Drama«, antwortete der Fremde mit tiefer, klangvoller Stimme. »Ich bezahle mit Gold.«

Apollonius sprang so heftig auf, dass der Tisch wackelte.

»Mit Gold, sagst du?«, fragte er aufgeregt.

Der Fremde nickte.

»Setz dich«, bat Apollonius, klatschte in die Hände und befahl einem Sklaven den Gast zu bedienen.

»Ich lasse euch allein«, sagte Kreon.

Der Fremde winkte ab. »Bleib, Grieche«, bat er, »auch dich geht es an.«

»Du weißt, dass ich aus Griechenland komme?«, fragte der Junge verwundert.

»Ich kenne auch deinen Namen, Kreon«, antwortete der Fremde. »Doch jetzt hört mir zu.« Er trank einen Schluck verdünnten Wein, zog einen Geldbeutel aus seinem Gewand und legte ihn auf den Tisch.

Apollonius bekam große Augen. »Wir hören«, sagte er hastig.

Der Fremde griff noch einmal in seinen weiten Umhang, holte zusammengerollte Schriftstücke heraus und legte sie neben den Geldbeutel. »Das ist das Drama«, erklärte er. »Ich habe es in lateinischer Sprache verfasst und aufgeschrieben. Leider bin ich kein Dichter, und mein Latein ist nicht das beste. Was ich geschrieben habe, klingt da und dort holperig. Deshalb bitte ich dich, den Text so zu bearbeiten, dass er den Pompejanern ans Herz greift.« Er nickte Apollonius zu. »Im Auftrag meiner Freunde habe ich das Große Theater in der Nähe des Forums für den Tag der Aufführung gemietet. Meine Schauspieler und ich proben geheim. Der Inhalt des Dramas darf vor der Aufführung nicht bekannt werden.«

»Worum geht es in deinem Stück?«, erkundigte sich Apollonius.

Der Fremde ballte die Fäuste. »Es geht um die Zerstörung eines Tempels und den Fluch, der auf dem Zerstörer lastet.«

»Kaiser Titus?«, fragte Apollonius erschrocken.

»Er wird nicht lange Kaiser sein«, antwortete der Fremde. »Mein Drama soll die Pompejaner warnen. Sie dürfen dem Tempelschänder zu Ehren keine blutigen Spiele veranstalten. Das lässt sich Gott der Herr nicht gefallen. Er will keine Schlächterei, die von blutgierigen Zuschauern bejubelt wird.« Er hob die Stimme. »Wenn die grausamen Spiele zu Ehren des Tempelschänders stattfinden, wird ganz Pompeji bestraft werden!«

Apollonius schüttelte den Kopf. »Du willst die Spiele verhindern?«

»Mit Gottes und deiner Hilfe will ich es versuchen«, antwortete der Fremde. »Um dich zu schützen, werde ich deinen Namen nicht nennen. Lies den Text durch und sag mir morgen Bescheid. Die Anzahlung darfst du behalten.«

Apollonius schluckte.

»Und was soll ich dabei?«, fragte Kreon.

»Lies das Drama mit«, sagte der Fremde. »Dann rate deinem Dichterfreund zur Annahme oder Ablehnung meines Auftrags.«

Apollonius schwindelte der Kopf. Der Geldbeutel auf dem Tisch sah nach einem kleinen Vermögen aus, andererseits . . . »Wann soll das Spiel stattfinden?«, fragte er den Fremden.

»Drei Tage vor dem geplanten Beginn des Blutspektakels, um es zu verhindern«, antwortete der Fremde. »An diesem Tag werden meine Leute in und um Pompeji herum in das Große Theater einladen. Der Besuch der Vorstellung ist kostenlos.«

»Jede Beleidigung eines römischen Kaisers wird mit dem Tode bestraft«, wandte Apollonius ein.

»Dein Name wird nicht genannt«, versicherte der Fremde noch einmal. »Ich selbst fürchte den Tod nicht, wenn ich tausende von Menschen damit retten kann. Ich tue es im Namen des einzig wahren Gottes – und meines Onkels. Er war Priester und starb in Jerusalem an einem römischen Kreuz. – So wie ich denken auch meine Leute.«

»In Pompeji wohnen zum größten Teil Römer«, warf Kreon ein. »Willst du Römer retten?«

Der Fremde nickte. »Unschuldige Römer, wenn sie die Warnungen berücksichtigen: das flammende Schwert, das Grollen aus der Tiefe, das Beben der Erde und das Heulen des Wolfes. Mein Drama wird die letzte Warnung sein.« Er dämpfte die Stimme und sprach mehr zu sich selbst als zu den anderen: »Judäer, die Buße für eigenes und fremdes Unrecht tun, streuen sich Asche aufs Haupt.«

»Warum sagst du das?«, fragte Apollonius.

»Mein Drama heißt ›Asche auf Pompeji‹«, antwortete der Fremde.

»Asche auf Pompeji?«, wiederholte der Dichter erschrocken.

Der Fremde nickte ihm zu. »Ja – entweder die Asche der Buße oder die der Vernichtung.«

»Bist du – ein Prophet?«, stammelte Apollonius.

»Lies das Drama«, sagte der Fremde. »Morgen erwarte ich deine Antwort. Deine Bearbeitung muss vierzehn Tage vor der Aufführung für die Proben fertig sein. Wenn du es schaffst, erhältst du den Rest der Belohnung.«

Apollonius atmete schwer.

»Bis morgen«, sagte der Fremde.

Erst jetzt fiel Kreon auf, dass der Mann seinen Namen nicht genannt hatte. Er fragte ihn danach.

Der Fremde war schon im Gehen. Unter der Tür wandte er sich um und antwortete: »Die Römer nennen mich den Wolf.«

Die Hochzeit

Die Tage vergingen und Marius Corvus sah kein Unheil mehr voraus, das anderen drohte. Er glaubte sich vom Fluch erlöst und atmete auf.

Heiterer als vorher schien vieles um ihn herum. Amos schwärmte von den Abenteuern des starken Kreon, die er von Mal zu Mal mehr ausschmückte. So erzählte er seinen Freunden, dass sein Freund Kreon ein Piratenschiff versenkt habe und dann einen Tag und eine Nacht lang an Land geschwommen sei.

Manche glaubten ihm, die meisten nicht. Immerhin wurde er bei den Jugendlichen von Pompeji immer besser bekannt und gewann neue Freunde.

Schwester Lea wurde jedes Mal rot, wenn Bruder Amos mit Kreon auftrumpfte. Marius Corvus merkte es, dachte sich seinen Teil und schwieg.

Esther ahnte das Richtige. Sie erinnerte sich an die Zeit, da sie so alt wie Lea gewesen war. Damals hatte sie sich in den siebzehnjährigen Sohn eines Rabbi verliebt. Leider hatte sie dieser überhaupt nicht beachtet. Und Esther hatte keine Mutter mehr gehabt, zu der sie von ihrem großen Schmerz sprechen konnte.

Daran dachte sie jetzt. Ich vertrete Mutterstelle an den Kindern, überlegte sie, aber sie sagen nicht Mutter zu mir. Zu Marius sagen sie Vater . . .

Marius Corvus kam ihr entgegen. »Esther«, sagte er eines Abends, als sie allein zusammensaßen, »ich denke, dass die Kinder auch eine Mutter haben sollten.«

Esther erschrak. »Willst du – eine Frau – nehmen?«, stammelte sie.

Marius nickte. »Ja, es ist wohl besser so. In Lea und Amos kenn ich mich kaum mehr aus, besonders in Lea nicht. Sie wird erwachsen und davon versteh ich nichts.«

»Welche Frau wirst du heiraten?«, fragte Esther mühsam.

Marius lachte. »Dich natürlich. Du hast dich bisher wie eine Mutter um die Kinder gekümmert. Warum sollten sie nicht endlich Mutter zu dir sagen? – Das heißt, wenn du einverstanden bist.«

Esther lehnte sich an die Wand, um nicht umzukippen.

»Ich – ich wollte dich nicht erschrecken«, stotterte der ehemalige Kriegsheld. »Wenn du es nicht möchtest, dann . . .«

Esther unterbrach ihn: »Psst, Marius Corvus. Was glaubst du, wie lange ich darauf gewartet habe.«

Marius atmete auf. »Dann bist du also einverstanden?«

»Eine Frage noch«, sagte Esther. »Ist es nur den Kindern zuliebe?«

Marius Corvus sah sie groß an. »Wie meinst du das?«

Esther seufzte und schüttelte den Kopf.

Da begriff er es endlich; und er sagte, was ein anderer ihm nie hätte sagen dürfen. »Ich bin ein Rindvieh«, sagte er zu sich selbst und zu Esther: »Natürlich auch der Kinder wegen, aber ich habe mich an dich gewöhnt und . . .«

»Und?«, drängte Esther.

»Ich – mag dich sehr«, gestand er verlegen, nahm seinen ganzen Mut zusammen und umarmte sie.

Ausgerechnet jetzt platzten die Kinder herein.

»Uiii!«, rief Amos.

»Halt den Schnabel!«, zischte Lea und zog ihn mit sich fort. Beide strahlten über das ganze Gesicht . . .

Die Vermählung fand eine Woche später, etwas ungewohnt für die Pompejaner, statt. Marius Corvus verehrte römische Götter, Esther war Jüdin und glaubte an den Gott ihrer Väter. Marius achtete ihre, Esther seine Überzeugung. Das Eheversprechen gaben sie einander vor dem Rat der Stadt. Dass Marius Corvus nachher Jupiter, Hera und Minerva ein Opfer brachte und Esther den Vorsteher der jüdischen Gemeinde für sie, Marius und die Kinder beten ließ, ging andere nichts an.

Die Hochzeit wurde auf dem Landgut des Marius Corvus gefeiert. Es ging hoch und vor allem laut her.

Auch Apollonius und Kreon waren geladen. Der Dichter erschien in bester Laune. Er und Kreon hatten das Drama des Wolfes gelesen und für gut befunden. Die Arbeit daran hatte Apollonius gern übernommen. Für Marius und Esther hatte er ein launiges Hochzeitsgedicht verfasst, selbstverständlich kostenlos.

»Sei willkommen, Apollonius«, sagte Marius Corvus. »Ich sehe keine schlimmen Zeichen mehr für dich und nehme die Asche von dir.« Sie tranken einander zu.

Zur Flöten- und Zimbelmusik wagten auch Lea und Kreon ein Tänzchen. Sie stießen oft gegeneinander und Kreon trat Lea zweimal auf die Füße; aber es war sehr schön.

Amos hatte sich in einen Winkel verkrochen. Dort trank er heimlich geharzten griechischen Wein. Dann schlief er bis zum Morgen im Freien. Niemand vermisste ihn.

Am Morgen opferte er den Erdgeistern. So redeten die Leute von Beschwipsten, die sich – nun ja – übergaben ...

Die Pompejaner hatten scharfe Augen, spitze Zungen und flinke Finger. Am Tag nach der Hochzeit schrieb ein Spaßvogel zu den vielen an Hauswände gepinselten Sprüchen einen neuen dazu:

> »Der Wein bei Marius Corvus war gut,
> der Fisch war versalzen.
> Die Götter mögen den Fisch verzeihen
> und Marius mit Esther glücklich sein lassen.«

In der folgenden Nacht überfiel den ältesten Priester der Isis eine seltsame Unruhe. Er erhob sich von seinem Lager, zog das weiße Priestergewand an und legte sich das Stirnband mit dem Abbild der heiligen Uräusschlange um. Das alles tat er in völliger Dunkelheit mit sicheren Händen. Er war blind.

Ohne anzuecken, tastete er sich in den Tempel und dort zur Statue der Göttin. Er setzte sich ihr zu Füßen und lauschte.

Er hörte nichts Verdächtiges, merkte jedoch, dass plötzlich der Boden zitterte. Der Blinde sprang auf, griff nach der Statue und fühlte sie leicht schwanken; einen Augenblick nur, dann war es vorbei.

Er weckte den Oberpriester, erzählte ihm von seiner Unruhe und dem, was er gespürt hatte.

Der Oberpriester war ungnädig. »Du witterst Unheil, wo keines ist«, sagte er schlaftrunken. »Über das, was du dir einbildest, schweig anderen gegenüber. Denk an die Weissagung, die ich im Namen unserer Göttin verkündet habe: Isis ist gnädig, Pompeji droht keine Gefahr. Geh schlafen!«

Das war ein Befehl, der keinen Widerspruch duldete. Der Blinde verneigte sich und ging . . .

Am nächsten Morgen strahlte die Sonne vom wolkenlosen Himmel. Der Blinde sah sie nicht, doch fühlte er ihre Wärme. Sie schien ihm bedrohlich und er betete im Stillen, dass der Oberpriester Recht behalten möge.

Schöne Tage

Von da an gab es keine beängstigenden Zeichen mehr. Das Grollen aus der Erde, das Zittern des Bodens und das Wolfsgeheul wurden auch von Ängstlichen vergessen. Selbst der blinde Isispriester verdrängte seine Bedenken.

Pompeji war heiter. Auf dem Meer gingen keine Schiffe verloren, der Handel blühte, die Götter schickten keine Seuchen.

Marius Corvus fühlte sich wohl in seiner Ehe mit Esther. Lea und Amos sagten jetzt Mutter zu ihr.

Nachbarn des Marius Corvus fiel auf, dass der Sandalenmachergeselle Kreon, ein zugewanderter Grieche, häufig in die Nähe des Landgutes kam; meist dann, wenn Marius nicht zu Hause war. Es wurde gemunkelt, dass er der hübschen Lea nachsteige.

Niemand regte sich darüber auf. Auch in Pompeji wurden hin und wieder vierzehn Jahre alte Mädchen mit sechzehnjährigen Jungen verlobt.

Nachbarn des Hauses, das der Dichter Apollonius und Kreon bewohnten, merkten, dass sich die hübsche Adoptivtochter des Marius Corvus häufiger als früher in der Stadt sehen ließ. Dann dauerte es meist nicht lange, bis Kreon kam.

Das blieb weder Marius und Esther noch Apollonius verborgen. Der Dichter sprach mit Kreon, Esther mit Lea.

»Du magst Lea?«, fragte Apollonius.

»Sehr,« gestand Kreon. »Wenn du etwas dagegen hast, geh ich weg von dir.«

Der Dichter antwortete völlig unpoetisch: »Du bist ein Schafskopf! Ich habe nichts gegen Lea, doch trefft euch nicht länger geheim. Ich hoffe, dass Marius und Esther genauso denken.«

»Danke!«, jubelte Kreon.

Auch Esther war nicht für Heimlichkeiten. Sie sprach mit Marius und er sagte: »Kreon ist ein netter Junge. Er soll ein geschickter und fleißiger Sandalenmacher sein. Wenn Lea ihn mag, habe ich nichts dagegen. Meinetwegen dürfen sie in zwei, drei Jahren heiraten, falls sie es dann noch möchten.«

Kreon und Lea waren glücklich . . .

Der Dichter Apollonius arbeitete am Drama des Wolfes. Er fand es packend und entdeckte nur wenige Verse, die er verbessern musste.

Gefährliches im Text wie etwa eine Beleidigung des Kaisers Titus entdeckte er nicht. Zwar würden viele Zuschauer merken, dass Titus gemeint war, doch wurde der Name nie ausgesprochen. Ein geschickter Verteidiger würde den Wolf vor jedem ordentlichen Gericht herauspauken.

Das Drama erzählte von einer namenlosen Stadt, die im Spiel nur »Stadt« hieß, und von einem namenlosen Feldherrn, der nur »Feldherr« genannt wurde. Dieser hatte die Stadt erobert, den Tempel zerstören und die Priester töten lassen.

In seiner Heimatstadt wurde der Feldherr als Held gefeiert. Ihm zu Ehren veranstalteten die Bürger blutige Spiele. Diese erzürnten den einzig wahren Gott und er begrub die Stadt des Feldherrn unter einem Ascheregen, der sie tausend Jahre lang bedecken sollte. Nur eine kleine Schar gläubiger Menschen, die blutige Spiele verabscheuten, konnte sich retten. Den Feldherrn holte der Satan. Zum Schluss des Spektakulums sollten Männer, Frauen und Kinder zu den Zuschauern sprechen:

> »Vernehmt, Pompejaner, die Botschaft:
> Lasst ab von den blutigen Spielen.
> Erfreut euch an Versen der Dichter,
> damit euch nicht Asche begrabe!«

Viel besser hätte auch ich es nicht schreiben können, dachte Apollonius.

Als der Mann, den die Römer Wolf nannten, zurückkam, empfing ihn der Dichter freundlich. »Deine Verse sind ausgezeichnet«, lobte er ehrlich.

»Das freut mich«, antwortete der Gast und legte den versprochenen zweiten Geldbeutel auf den Tisch. »Kleine Abänderungen, die sich im Verlauf der Proben ergeben, gestattest du mir doch, nicht wahr?«, fragte er wie nebenbei.

Apollonius hatte kaum zugehört. Er starrte den Geldbeutel an.

»Nicht wahr?«, fragte der Wolf noch einmal.

Apollonius schrak auf. »Ja, ja«, sagte er zerstreut . . .

Amos war neidisch. Wenn er sah, wie Mutter Esther Vater Marius manchmal streichelte und Schwester Lea dem Sandalenmachergesellen Kreon dauernd schöne Augen machte, kam er sich benachteiligt vor.

»Mir macht niemand schöne Augen und niemand streichelt mich«, sagte er zu sich selbst. Er fühlte sich zurückgesetzt, weil Vater, Mutter und Lea nicht mehr so viel Zeit für ihn hatten wie bisher.

Dann kamen auch für ihn schöne Tage. Ein Hündchen lief ihm zu, eine Mischung aus mindestens fünf Rassen, wie es schien. Amos nannte es »Hercules«, obwohl das Tierchen klein, schmächtig und ausgehungert war und mit einem hellen Stimmchen kläffte. Mit dem römisch-griechischen Sagenhelden hatte es so wenig gemeinsam wie eine Maus mit einem Elefanten.

Aber es wahr sehr, sehr lieb. Es wedelte nicht nur mit dem Schwänzchen, wenn Amos kam, sondern mit dem ganzen Hintergestell. Dann leckte es dem jungen Herrchen die Hände ab und, wenn Amos nicht Acht gab, auch das Gesicht. Das ist viel besser, als gestreichelt und angehimmelt zu werden, fand Amos.

Sein Neid verflog.

Die Gladiatoren

Siegreiche Feldherren hätten kaum stürmischer begrüßt werden können als die römischen Gladiatoren Divinus (der Göttliche) und Pulcher (der Schöne). Fast ganz Pompeji war auf den Beinen, um den Helden der Arena zuzujubeln. Ihre Ankunft hatten sie rechtzeitig melden lassen; denn nichts wäre schlimmer für sie gewesen, als unbeachtet in Pompeji einzuziehen.

Vier Jahre lang hatte Pulcher, fünf Jahre Divinus in allen Kämpfen gesiegt. Längst hätten sie nicht mehr auf Leben und Tod zuschlagen müssen. Gladiatoren, die drei Jahre lang in der Arena gesiegt hatten, durften sich zur Ruhe setzen und ihr Blutgeld genießen. Hatten sie drei Jahre lang als Sklaven für ihre Besitzer gekämpft und diese reich gemacht, wurden sie freigelassen. Allerdings gab es nur wenige, die so lange überlebten.

Berühmte Sieger genossen fast göttliche Ehren. Sie wurden mit Geschenken überhäuft. Verehrer und vor allem Verehrerinnen bejubelten sie. Schwärmerische Mädchen schrien beim Anblick ihrer Lieblinge auf, manche fielen vor Begeisterung in Ohnmacht.

Divinus und Pulcher hatten sich an Jubel und Begeisterung gewöhnt und waren über die drei Jahre hinaus in der Arena geblieben.

In Pompeji wollten sie ihren letzten Kampf bestehen;

nicht des Preises wegen, der dem Sieger winkte – Geld hatten sie genug. Als »beste Gladiatoren des Imperiums« verdienten sie in einem Monat mehr als ein geschickter Handwerksmeister in einem Jahr. Dass sie bisher nicht gegeneinander gekämpft hatten, sahen sie als Fügung der Götter an.

Jetzt ging es ihnen um die Ehre, den anderen in der Arena von Pompeji zu besiegen, und um den Ruhm, dann »der Beste« zu sein. Wahrscheinlich würde nur einer mit dem Leben davonkommen. Nur selten hielten die Zuschauer die Daumen als Zeichen der Gnade für den Besiegten nach oben.

Divinus und Pulcher waren keine Feinde. Sie betrachteten den Kampf als Beruf und den Tod in der Arena als völlig natürlich.

Jetzt ritten sie gemeinsam nach Pompeji, jeder von sieben Freunden begleitet. Gelegentlich erzählten sie einander derbe Scherze und lachten dazu. Divinus ritt einen Rappen, Pulcher einen Schimmel.

Divinus trug einen schwarzen, mit Silber beschlagenen Brustpanzer, einen schwarzen Mantel und einen silberglänzenden Helm mit einem Busch aus Pfauenfedern. Pulcher hatte eine vergoldete Rüstung angelegt und einen weißen, purpurgesäumten Mantel übergeworfen. Dazu trug er den Helm, den sein letzter Gegner in der Arena getragen hatte. Auf dem hellen Helmbusch waren rotbraune Flecken.

In Wirklichkeit hieß Divinus nicht der Göttliche und Pulcher nicht der Schöne. Diese Ehrennamen hatten sie in Rom bekommen.

Divinus war ein Germane aus dem wilden Land weit oben im Norden. Römische Legionäre hatten den damals zehnjährigen Knaben als Siegesbeute nach Rom verschleppt. Zu Hause hatte er Gisbert geheißen.

Als er sich in der Sklaverei kräftig entwickelte, ließ ihn sein Herr in der berühmten Gladiatorenschule zu Capua ausbilden und bereute es nicht. Gisbert errang Sieg um Sieg, machte seinen Besitzer reich und wurde »der Göttliche«. In der Arena kämpfte er mit Schwert und Schild. Bisher war er immer davongekommen. Seine Narben zählte er nicht.

Nach drei Jahren war er ein freier Mann geworden, hatte zwei Jahre lang weitergekämpft und höchste Siegesprämien verdient. Dazu waren Geschenke von Bewunderern und Verehrerinnen gekommen. Wettlustige hatten auf seine Siege gesetzt und ihm einen Teil ihres Gewinnes geschenkt. Ein kinderloser, verwitweter Senator hatte ihm eine Villa in der Hauptstadt Rom vererbt, dazu Sklaven und Sklavinnen für den Haushalt. Für die nächsten zehn, zwölf Jahre hatte Divinus ausgesorgt. Weiter dachte er nicht ...

Pulcher hieß Petronius Tullius Magnus und entstammte einer römischen Adelsfamilie. Das verweichlichte Leben zu Hause hatte ihn angewidert. Aus Abenteuerlust war er freiwillig Gladiator geworden. In der Schule zu Capua hatten ihn die Ausbilder hart, aber mit Respekt behandelt. Er war sein eigener Herr und kämpfte für sich selbst.

Der Römer hatte das »Handwerk«, wie der Beruf der Gladiatoren unter diesen hieß, von unten auf gelernt. Zuerst hatte er mit dem Holzschwert gefochten, dann als Faustkämpfer mit dem bleigefütterten Handschuh und war schließlich der am meisten gefürchtete Retiarier geworden, der je in einer Arena mit Wurfnetz und Dreizack gekämpft – und immer gesiegt hatte. Der Schwerthieb seines hartnäckigsten Gegners hatte ihm den Helm vom Kopf und eine klaffende Wunde ins Gesicht geschlagen. Wegen dieser Narbe nannten ihn Verehrerinnen den Schönen. Warum, begriff er nicht, doch es schmeichelte ihm. Jetzt hoffte er den Göttlichen zu besiegen . . .

Abergläubisch waren beide. Divinus schwor auf ein Amulett, das er an einem goldenen Kettchen um den Hals trug. Es war ein Säckchen mit germanischer Erde, das ihm eine Verehrerin geschenkt hatte. Sie war, wie er, aus Germanien verschleppt, dann durch ihre Sehergabe in Rom bekannt geworden und in Mode gekommen. »Solange du mit der heimatlichen Erde verbunden bleibst, wird sie dich schützen«, hatte die Seherin dem Gladiator prophezeit. Divinus hütete das Amulett wie seinen Augapfel . . .

Auch Pulcher trug einen Zauber an einem Kettchen um den Hals. Es war ein kleiner Stein, kaum größer als ein Daumennagel. Im Sonnenlicht war er grau, im Dunkel strahlte er in mattem Schimmer. Pulcher hatte ihn von einem ägyptischen Zauberpriester gekauft. »Es ist ein Stein aus der Krone eines Gottes«, hatte der Magier behauptet.

»Wenn er im Dunkel nicht mehr leuchtet, bist du in höchster Gefahr. Dann flieh von der Stätte des Unheils.«
Der Gladiator glaubte an die Kraft des Wundersteines.
Der Schimmer im Dunkel strahlte Zuversicht aus . . .
In Pompeji wurde Pulcher mit dem größeren Jubel empfangen. Er war Römer und kam als Lichtgestalt. Der schwarze Divinus erinnerte manche an den düsteren, als Tod verkleideten Mann, dessen klappriger Gaul die Gefallenen auf dem Schinderkarren aus der Arena fuhr.
Hinter dem Stadttor ließ Pulcher seinen Gegner vorausreiten. »Als Römer bin ich hier zu Hause«, sagte er leicht spöttisch, »als Germane bist du mein Gast. Da gebührt dir der Vortritt. Nütz ihn aus, solange du noch kannst. Nach dem Kampf in der Arena wirst du keine Gelegenheit mehr dazu haben.«
Auch dieser Spott gehörte zum Handwerk.
»Danke, Römer!«, rief Divinus zurück. »Ich werde es kurz mit dir machen und dich zu deinen Göttern schicken, bevor du dreimal geschnauft hast!«
Die Leute an der Straße beklatschten die Scherze ihrer Helden.
Neidische Gladiatoren aus Pompeji nannten die beiden Römer eingebildete Affen, die bisher nur mehr Glück als Verstand gehabt hätten.

Auf dem Forum begrüßte der für die Spiele verantwortliche Ädil Divinus, Pulcher und deren Begleiter. Die Gaffer standen so dicht gedrängt, dass einige, denen die Luft wegblieb, nicht umfallen konnten. In Pompeji wurde an diesem Werktag kaum gearbeitet. »Gladiatoren schauen« war heute wichtiger als Geldverdienen.

Was der Ädil sagte, ging im Lärm der Menge unter. Die Begleiter hatten Mühe, die Pferde der Gladiatoren und ihre eigenen Tiere im Zaum zu halten. Die Rosse schäumten und bäumten sich auf.

Der Ädil hängte Pulcher und Divinus als Willkommensgeschenk des Senates von Pompeji je eine goldene Kette um. Begeisterte Zuschauer durchbrachen die Absperrkette der Ordnungshüter. Jeder versuchte, die römischen Kämpfer zu berühren. Todgeweihte anzufassen sollte Glück bringen und Gladiatoren waren dem Tod geweiht. Das riefen sie in der Arena vor jedem Kampf dem Kaiser zu:

»Ave Caesar! Morituri te salutant!« (Heil dir, Caesar! Die Todgeweihten grüßen dich!)

Vom Forum quälte sich der Zug durch die Straße des Überflusses. Divinus und Pulcher genossen die Begeisterung der Pompejaner und lächelten, wenn sie immer wieder eingezwängt und manchmal sogar gestoßen wurden. Mit straffem Zügel und hartem Schenkeldruck hielten sie ihre Pferde im Zaum.

Auch Kreon, Lea und Amos waren vom Gladiatorenfieber ergriffen; allerdings weniger aus Verehrung für die »Totschläger«, wie sich der Dichter Apollonius ausdrückte, sondern mehr aus Neugierde auf den Trubel.

Apollonius begleitete Kreon. »Damit du nichts anstellst, was dir später Leid tun könnte«, sagte er. Marius Corvus folgte seinen »Kindern« aus demselben Grund. Esther war zu Hause geblieben. Sie verabscheute das Blutvergießen in der Arena und die Verehrung von Gladiatoren als Gotteslästerung.

Apollonius, Kreon, Marius Corvus, Lea und Amos hatten einen günstigen Platz erobert. Sie standen vor den Stabiae-Thermen ganz vorn an der Straße, auf der sich der Triumphzug heranschob.

»Sie sehen gut aus«, sagte Lea und meinte die Gladiatoren, die hoch zu Ross aus der Menge herausragten.

»Phh!«, brummte Kreon. »Wenn die gut aussehen . . .« Was er noch sagte, ging im Jubel der Leute unter.

»Eifersüchtig?«, rief ihm Amos ins Ohr und duckte sich. Kreons Hand fuhr ins Leere.

Ausgerechnet vor Lea und ihren Freundinnen stockte der Zug. Ein bärtiger Mann drängte nach vorn, stieß Amos beiseite, fiel dem Rappen des Divinus in die Zügel und schrie die Gladiatoren an: »Verschwindet aus Pompeji, ihr Mörder! Tut Buße um Christi willen, der auch für euch gestorben ist!«

Der Lärm ebbte ab. Die Menge lauerte.

»Ein Christ«, spottete jemand. »Diese Leute beten zu einem gekreuzigten Gott. In Pompeji gibt's nur wenige von ihnen. Die meisten sind arme Schlucker oder Sklaven.«

Divinus war nur einen Augenblick lang verblüfft gewesen. Jetzt knurrte er: »Spinner«, und schlug zu. Sein Fausthieb warf den Bärtigen zu Boden. Empörte Gaffer stürzten sich auf den Geschlagenen.

Der Mann wehrte sich nicht. Er schützte sein Gesicht mit den Händen und ertrug die Hiebe und Stöße, ohne zu stöhnen.

Lea hatte Mitleid mit ihm. »Schlag zurück!«, schrie sie ihn an.

»Bist du eine Christin?!«, kreischte eine Frau.

»Scher dich zum Hades!«, fauchte Lea und die andere spottete nicht mehr. Hades war der griechische Gott der Unterwelt. Wer in seinem Namen fluchte, war bestimmt kein Christ.

Der schwarze Divinus hatte belustigt zugehört. Das rassige Mädchen, das sich um den Spinner kümmerte, gefiel ihm. Dem Aussehen nach könnte sie eine Jüdin sein, dachte er, beugte sich vom Pferd und hob sie vor sich in den Sattel.

Lea strampelte mit Armen und Beinen. Die Zuschauer klatschten Beifall und jubelten Divinus jetzt erst recht zu. Um sich von dem Germanen nicht übertreffen zu lassen, holte auch Pulcher ein Mädchen zu sich empor. Diese Schöne fühlte sich geschmeichelt und wehrte sich nicht. Was folgte, ging so schnell, dass manche Leute an einen Spuk glaubten.

»Du Ziegenbock!«, schrie Kreon. Bevor sich's der schwarze Gladiator versah, sprang der Junge ihn an, entriss ihm das Mädchen und stieß ihn vom Pferd. Dann zerrte er Lea mit sich fort. Erschrocken machten die Leute dem Starken Platz, der den Göttlichen in den Staub geworfen hatte. Die Empörung folgte erst, als Kreon und Lea in einer Seitengasse verschwunden waren.

Es dauerte eine Weile, bis Divinus wieder zu Pferd saß. Seine Helfer hatten einander behindert. Der Göttliche schimpfte wie ein Stallknecht. Wütend forderte er die Pompejaner auf, den unverschämten Lümmel, der sich an ihm vergriffen hatte, einem Löwen oder einer anderen Bestie vorzuwerfen.

Mit Kreon und Lea waren auch Marius Corvus, Apollonius und Amos verschwunden. Am Ende der Seitengasse fanden sie zusammen. »Ich bewundere dich deiner Kraft wegen«, sagte Apollonius zu Kreon. »Deines Verstandes wegen bewundere ich dich nicht. Jetzt werden sie dich jagen. Ich hoffe nur, dass dich niemand erkannt hat.«

»Hätte ich Lea dem schwarzen Lümmel überlassen sollen?«, begehrte Kreon auf. »Ich mag sie nämlich!«

»Gehen wir zu mir«, schlug Apollonius vor. »Im Hause des Dichters wird kaum jemand den Verrückten suchen, der den Göttlichen vom Gaul gestoßen hat.«

»Gehen wir zu mir«, sagte Marius Corvus. »Esther wird sich freuen. Falls Kreon erkannt wurde, dürfte man ihn in meinem Gutshof am allerwenigsten vermuten.« Sie entschieden sich für Marius Corvus. Lea und Kreon strahlten.

Auf der Straße des Überflusses wälzte sich der Triumphzug zur Schänke des Euxinus weiter. Der Bruder des Apollonius hatte Divinus, Pulcher und ihren Begleitern die besten Gemächer reserviert. Vor seinem Haus begrüßte er die Römer mit schmeichelnden Versen, die er selbst verfasst hatte. Bruder Apollonius hatte sich geweigert den römischen »Fleischhauern« ein Begrüßungsgedicht zu schreiben. Und so rief Euxinus:

> »Seid mir willkommen, römische Helden,
> die noch kein anderer jemals besiegt hat!
> Den, der überlebt von euch beiden,
> beschenk ich mit köstlichem Wein!«

Die Menge stimmte begeistert zu . . .
Aus der Straße des Überflusses trugen Freunde den Bärtigen fort, den der schwarze Gladiator niedergeschlagen hatte. Schlimmer als der Fausthieb des Divinus hatten ihn die Fußtritte empörter Gaffer zugerichtet.
»Er starb, während sie ihn wegtrugen«, erzählten einige später.
»Er wurde durch ein Wunder unseres Herrn Jesus Christus gerettet«, behaupteten die Christen in Pompeji.
Der Wirt Euxinus machte das Geschäft seines Lebens. In

weiser Voraussicht hatte er Tische und Bänke vor seiner Schänke aufstellen lassen und hübsche Tänzerinnen verpflichtet.

Hitze und Begeisterung machten die Leute durstig, die den Gladiatoren gefolgt waren. Die Bedienungen kamen mit Einschenken und Kassieren kaum nach. Euxinus setzte seinen einfachsten Wein doppelt so teuer ab wie sonst seine besseren Sorten. Niemand murrte darüber, denn der schlaue Wirt verkaufte die minderwertigen Weine unter den Namen »Kraft des Divinus« und »Herzblut des Pulcher«.

Die römischen Gladiatoren waren mit der Begeisterung der Pompejaner sehr zufrieden. Trotzdem schnauften sie erleichtert, als sie ihre Gemächer bei Euxinus bezogen.

Da schrie Divinus plötzlich auf, griff an seinen Hals, riss den Panzer vom Oberkörper, tastete weiter und schrie noch lauter.

Seine Freunde stürzten herein. Sie glaubten an einen Überfall und kamen mit gezogenen Schwertern.

»Mein Amulett ist weg!«, schrie Divinus. »Meine germanische Erde! Ich unterliege dem Pulcher, wenn ich ohne meinen Zauber gegen ihn antrete!« Er schnaufte wild. »Entweder habe ich ihn im Getümmel verloren, oder der Lümmel, der mich vom Pferd stieß, hat ihn mir gestohlen!« Er ballte die Fäuste. »Vielleicht in Pulchers Auftrag? Schon mancher verriet einen Freund, wenn es auf Tod und Leben ging!«

»Ohne deinen Zauber darfst du nicht kämpfen«, sagte einer der Freunde. »Oder wir müssten Pulchers Zauber stehlen, den Stein, der im Dunkel leuchtet.«

Divinus winkte ab. »Nein, das will ich nicht. Mein Verdacht gegen Pulcher ist wahrscheinlich sinnlos, wenn ich es recht überlege. Sucht die Straße ab, die wir geritten sind; vor allem den Platz, auf dem ich vom Pferd gestoßen wurde. Und findet den Lümmel, der mich einen Ziegenbock geschimpft und in den Staub geworfen hat!«

Die Freunde schwärmten aus . . .

Das Säckchen mit der germanischen Erde hatte ein Straßenjunge dem gestürzten Gladiator vom Hals gerissen. Im Trubel hatte niemand darauf geachtet. Die Bedeutung des Zaubers kannte der Bengel nicht, ihm gefiel nur das Goldkettchen, das er für einige Sesterzen zu verkaufen hoffte. Jetzt hängte er sich den Zauber des Divinus um seinen ungewaschenen Hals.

Der Straßenjunge hieß Felix, das bedeutet »der Glückliche«.

Die Freunde des Göttlichen fanden das Säckchen mit der germanischen Wundererde nicht wieder. Ein Bettler, der Kreon erkannt hatte, verriet ihnen, dass der starke Junge in der Villa des Dichters Apollonius wohne. Für zwei Sesterzen zeigte er ihnen den Weg.

Die Verfolger kamen vergebens. Kreon und Apollonius hielten sich im Landgut des Marius Corvus auf, erklärte ihnen ein Sklave.

Die Reiter stoben aus der Stadt hinaus. Als sie sich dem Gutshof näherten, sprang ihnen ein kleiner Hund entgegen und kläffte sie an. Kurz darauf erschien ein Junge vor dem Tor. »Zurück, Hercules!«, befahl er und das Hündchen gehorchte. »Ich bin Amos, der Sohn des Marius Corvus«, sagte der Junge. »Was wollt ihr?«

»Mit Marius Corvus sprechen und nicht mit einem Grünschnabel«, knurrte einer der Reiter.

»Grünschnabel sagst du zu mir?!«, rief Amos empört. »Fass, Hercules!«

Der kleine Hund kläffte, sprang auf die Pferde zu, sauste ihnen um die Beine herum und schnappte nach ihnen. Die Gäule schnaubten, bäumten sich auf und schlugen aus.

Einer der Reiter griff zum Schwert. »Pfeif deinen Köter zurück«, schrie er den Jungen an, »oder du kannst ihn verfüttern!«

Der Lärm holte Marius Corvus, Apollonius, Kreon, Esther, Lea und einige Sklaven aus dem Haus.

Amos pfiff Hercules zurück und Marius Corvus fragte die Reiter: »Was wollt ihr?«

»Wir suchen den Jungen, der Divinus vom Pferd gestoßen hat«, antwortete einer der sieben. »Er soll hier sein.«

Kreon trat vor. »Ich bin es. Sagt eurem Herrn, dass er seine göttlichen Pfoten nie mehr nach meinem Mädchen ausstrecken soll! Sonst kriegt er so viele Hiebe auf seinen göttlichen Hintern, dass er tagelang auf keinem Pferd mehr sitzen kann!«

»Hehehee«, kicherte der Dichter Apollonius und schlug Kreon auf die Schulter.

Die Reiter hielten sich zurück. Zu viele Leute standen ihnen drohend gegenüber und es wurden immer mehr. Weitere Sklaven und Sklavinnen eilten heran.

»Ich will deine Beleidigung überhört haben«, sagte der Anführer zu Kreon. »Doch sag mir eines: Hast du Divinus ein goldenes Kettchen mit einem Leinenbeutelchen daran vom Hals gerissen?«

»Nein«, antwortete Kreon, »ich bin kein Dieb.«

»Er sagt die Wahrheit«, versicherte Marius Corvus. »Leider kann ich euch nicht bewirten. Wie ihr seht, habe ich bereits Gäste. – Gruß an Divinus.«

Die Reiter rissen ihre Pferde herum und galoppierten davon.

Hercules kläffte ihnen nach.

»Ich wusste nicht, dass ich dein Mädchen bin«, sagte Lea zu Kreon, als sie ins Haus zurückgingen.

»Das weißt du schon lange«, murmelte Kreon und war nicht mehr mutig, sondern sehr verlegen.

Sie stieß ihn mit dem Ellbogen an. »Natürlich weiß ich das«, flüsterte sie. »Ich wollt es bloß noch einmal hören.«

Mit geschlossenen Augen und wohlig schnaufend, genoss Hercules die Streicheleinheiten seines Herrchens.

»Du bist ein tapferer Hund, auch wenn du klein bist«, lobte Amos. »Dafür bekommst du heute Abend ein schönes Stück Schafskäse.«

Hercules wedelte heftig. Das Wort »Schafskäse« verstand er. Diese Delikatesse mochte er für sein Leben gern.

Am nächsten Tag liefen die Pompejaner schon wieder auf die Straße. Zwei neue Helden, die in der Arena ihre Kraft zeigen sollten, wurden in Schaukäfigen zum Amphitheater gefahren: ein afrikanischer Löwe und ein schwarzer iberischer Stier.

Die Wagen wurden von je vier Maultieren gezogen und die Zuschauer waren enttäuscht. Der Löwe und der Stier lagen apathisch hinter den Gitterstäben. Immer wieder blinzelten sie in die Richtung des Vesuvs, als ob sie von dorther Unheil erwarteten.

Die Gaffer verliefen sich bald.

Der Gladiator Divinus versprach seinen Freunden immer höhere Belohnungen, wenn sie ihm seine germanische Erde zurückbrächten. Die Freunde suchten weiter – und fanden sie nicht.

In einer schwülen, schlaflosen Nacht hörte Divinus eine Stimme. »Verlass dich auf deine Kraft«, sagte sie in der Sprache des Nordens. Der germanische Gladiator, den die Römer den Göttlichen nannten, erkannte die Stimme seines Vaters.

Er erinnerte sich: Vater hatte wenig von zauberkundigen Leuten gehalten.

»Verlass dich auf deine Kraft«, sagte die Stimme noch einmal.

»Ja, Vater«, murmelte Divinus und schlief endlich ein.

So recht traute er der Stimme dann doch nicht. Er beschloss sich an ein römisches Orakel zu wenden. Pompeji war römisch und nicht germanisch, da schien es ihm klug, einen römischen Seher oder eine römische Seherin zu befragen.

Er bat seine Freunde sich nach einem pompejanischen Orakel zu erkundigen. Und wieder schwärmten sie aus.

Das Spinnennetz

Ein Spion meldete dem Ädil, dass sich verdächtige Leute in Pompeji herumtrieben. »Es sind Männer, Frauen und Jugendliche«, berichtete er. »Sie kommen aus Judäa und wollen vor den Kämpfen in der Arena ein Schauspiel im Großen Theater aufführen. Der Spielleiter ist unter dem Namen ›Wolf‹ bekannt.«

»Na und?«, brummte der Ädil. »Ich habe die Aufführung gestattet. Die Truppe hat die Theatermiete im Voraus bezahlt. Was sie spielt, ist mir gleichgültig. Wahrscheinlich ist es eines dieser verrückten modernen Stücke, in denen Unsinn geredet und Blödsinn gemacht wird.«

»Wenn es aber Majestätsbeleidigungen wären?«, lauerte der Spitzel.

Der Ädil packte ihn an den Schultern und schüttelte ihn. »Majestätsbeleidigungen, sagst du?!«

Der Spion nickte. »Allerdings. Ich habe eine Probe belauscht. Du wirst staunen, wenn ich dir davon erzähle.« Er hielt die Hand auf.

Der Ädil warf einige Silbermünzen auf den Tisch. Der Spion steckte sie ein und fuhr fort: »Ich habe mir die Verse nicht wortgetreu gemerkt. Ungefähr heißen sie so:

›Fluch dem, der Jerusalem stürmte
und den Tempel Jehovas zerstörte!

Nicht lange mehr dauert sein Leben!
Lasst ab von den blutigen Spielen,
ihr Männer und Frauen Pompejis,
sonst geht ihr noch unter vor ihm!‹«

»Du denkst, dass sie Kaiser Titus meinen?«, fragte der Ädil.

»Wen sonst?«, fragte der Spion dagegen. In Gedanken setzte er ›du Dummkopf‹ hinzu. »Es gibt keine andere Deutung«, sagte er laut. »Heute Abend proben sie wieder. Wenn du willst, kannst du aus sicherem Versteck zuhören. Ich werde dich führen.«

»Ausgezeichnet!«, rief der Ädil. »Wenn es stimmt, was du mir gesagt hast, bekomme ich ein noch nie dagewesenes Spektakel für das große Fest; und du wirst um zehn Goldstücke reicher sein!«

Der Spitzel verbeugte sich tief.

Zur selben Zeit erschien ein Freund in der Villa des Apollonius. »Stimmt es, dass du Kaiser Titus in einem Schauspiel beleidigst?«, erkundigte er sich aufgeregt.

»Unsinn«, antwortete der Dichter.

»Hast du für den Wolf ein Theaterstück geschrieben?«, fragte der Freund.

»Nein«, antwortete Apollonius. »Ich habe nur einiges daran verbessert. Der Wolf hat mich großzügig bezahlt.« Er tippte sich an die Stirn und pfiff durch die Zähne. »Jetzt begreife ich, warum er mich fragte, ob ich ihm kleine Abänderungen gestatte.« Er fasste den Freund an den Schultern. »Sag mir, was du weißt.«

Der Freund erzählte, was der Spion dem Ädil berichtet hatte. Er war ein Bekannter des Spitzels und dieser hatte ihm bei einigen Bechern Wein Bescheid gesagt.

Am Abend, als Kreon aus der Sandalenmacherwerkstätte in die Dichtervilla zurückkehrte, schickte ihn Apollonius in das Große Theater, in dem sich der Wolf und seine Schauspieler zur zweiten Probe versammelten.

Er warnte sie vor dem Ädil. Der Wolf dankte ihm dafür. »Grüß Apollonius«, sagte er. »Ich danke auch ihm. Jetzt entschuldige mich, die Zeit ist knapp. Ich muss mit der Probe beginnen.«

»So ein Dickschädel«, brummte Apollonius, als ihm Kreon die Grüße des Wolfes bestellte.

Kurz darauf gingen sie in das Landgut des Marius Corvus zum Abendessen. Esther und Lea hatten eingeladen. Es gab mit Schafskäse überbackenen Lammbraten.

Kreon hätte auch hartes Brot begeistert gekaut. Er sah immer wieder zu Lea hin; und wenn sich ihre Blicke kreuzten, kauten die beiden doppelt so hastig wie vorher.

»Mein lieber Hercules«, flüsterte Amos seinem Hündchen zu, »die sind vielleicht ineinander verliebt! So was kann uns nicht passieren.« Hercules antwortete nicht, er knirschte an einem Knochen herum.

Am nächsten Abend – kurz nach Einbruch der Dunkelheit – schlich der Ädil an der Spitze bewaffneter Stadtknechte zum Großen Theater, in dem die Schauspieler probten.

Kreon hatte sie gewarnt, doch sie duckten sich nicht. Als der Ädil erschien, trug ihm der Wolf sogar die majestätsbeleidigenden Verse vor. »Wir fürchten uns nicht vor Titus und seinen Mordbrennern«, sagte er ruhig.

»Das genügt«, spottete der Ädil. »Ich werde euch Tapferen einen Triumphzug bereiten, an den ihr euer Leben lang denken sollt. Ihr werdet die Hauptdarsteller in der Gedenkfeier für den göttlichen Kaiser Augustus sein.« Er lachte meckernd. »Euer Auftritt wird auf dem Forum stattfinden. Du, den sie den Wolf nennen, wirst unter der Maske eines Wolfskopfes auf einem Eselwagen vorfahren. Deinen Schauspielern lasse ich Schweineköpfe aufsetzen und alle sollen fröhlich grunzen. Sklaven werden euch mit Peitschenhieben antreiben, damit ihr nicht einschlaft. So werdet ihr zum Gaudium der Pompejaner aus der Stadt hinausgepeitscht. Am Tor zum Meer lasse ich euch mit Jauche überschütten und dann ins Wasser jagen. Dort rette sich, wer kann.«

Der Wolf spuckte vor ihm aus.

»Führt sie ab!«, befahl der Ädil den Stadtknechten.

Der Wolf und seine Leute wurden in einem Verlies unter der Arena des Amphitheaters eingeschlossen. In den Kammern zu beiden Seiten dösten der afrikanische Löwe und der iberische Stier.

Gegen Mitternacht fuhr der Ädil aus dem Schlaf auf. Irgendetwas kroch über sein Gesicht. Er schlug danach, fühlte Glitschiges zwischen den Fingern und das Krabbeln wurde schneller. Neben ihm schrie seine Frau. Auch sie schlug um sich.

Auf den Schrei eilten zwei Sklaven mit brennenden Fackeln herein. Der flackernde Schein beleuchtete hochbeinige Spinnen, die über den Ädil, dessen Gemahlin und die Lagerdecken hinweghuschten, dann durch die offene Tür und in Spalten und Ritzen verschwanden.

Angeekelt wischten der Ädil und seine Frau ihre beschmutzten Finger ab. Sie ließen Öllampen anzünden und schickten die Sklaven hinaus.

»Ob die Spinnen eine Warnung der Götter sind?«, schnaufte die Frau. »So langbeinige habe ich nie vorher gesehen, noch dazu in solcher Menge.«

»Unsinn«, knurrte der Ädil. »Ich wüsste nicht, welcher unserer Götter Spinnen schicken sollte.«

»Vielleicht ist es ein fremder Gott«, meinte die Frau, »der Gott der Judäer zum Beispiel. Lass den Wolf und seine Anhänger aus Pompeji verjagen, ohne sie als Schweine zu demütigen.«

»Unsinn«, brummte der Ädil noch einmal. »Da biete ich den Pompejanern das lustigste Spektakel, das sie sich denken können, und du willst es mir vermiesen!«

Die Spinnen hatten sich verkrochen. Nur ein einzelnes, besonders großes Tier stelzte auf langen haarigen Beinen zur Tür hinüber. Der Ädil sprang auf und trat zu.

Seine Frau griff sich an den Kopf. »Es ist auf einmal – so heiß hier«, stöhnte sie. »Spürst du es nicht?«

»Doch«, gab der Ädil zu. Er wischte sich den Schweiß von der Stirn. »Da wir vermutlich nicht so schnell wieder einschlafen werden, sollten wir Wein trinken«, schlug er vor und klatschte zweimal in die Hände. Das war das Zeichen für seinen Leibsklaven.

Dieser, ein grauhaariger Mann, erschien schlaftrunken. Die anderen hatten ihn wecken müssen. Es hieß, dass er von dem zauberkundigen Volk abstamme, das vor den Römern und Griechen hier gelebt hatte.

Der Alte verbeugte sich. Dabei sah er auf den Fußboden und erschrak. Mit zitterndem Finger wies er auf die zertretene Spinne.

»Was hast du denn?«, fragte der Ädil.

»Wie – kam sie hierher?«, stotterte der Sklave.

»Die Spinne?«, brummte der Ädil. »Die war die letzte. Vor ihr krabbelten viele da herum. Fürchtest du dich vor Ungeziefer?«

»Die Spinnen vom Vesuv«, murmelte der Sklave. »Seit undenklichen Zeiten halten sie sich in den Ritzen und Spalten des Vulkans verborgen. Wehe der Stadt, wenn sie den Berg verlassen!«

»Wer sagt das?«, fragte der Ädil.

»Die Seher meines Volkes«, antwortete der Alte.

»Unsinn!«, brummte der Ädil zum dritten Mal. »Bring Wein!«, befahl er dem Sklaven. »Dann lass den Fußboden säubern.«

So geschah es.

Der Wein wirkte einschläfernd. Die Gemahlin des Ädils träumte Verwirrendes. Sie sah die Stadt Pompeji von einem riesengroßen Spinnennetz bedeckt, aus dem es kein Entrinnen gab.

Verschwörer

Lähmend lag der Monat Augustus, der nach dem göttlichen Kaiser benannt war, auf dem Land. Lange hatte es nicht mehr geregnet. Über dem Vesuv flimmerte die Luft, als stiege die Hitze aus dem Inneren des Berges nach oben. Selbst tiefe Brunnen drohten zu versiegen.

Marius Corvus fürchtete um seinen Wein und seine Schafe, denen es an Wasser fehlte. Die Menschen wurden müde. Viele freuten sich nicht einmal mehr auf die Zirkusspiele, die der Ädil versprochen hatte. Judäische und christliche Eiferer sagten das Ende der Welt voraus. »Tut Buße!«, riefen sie auf den Plätzen, den Straßen und in den Gassen. »Rettet eure Seelen, bevor es zu spät ist!«

Kaum jemand hörte auf sie. Ihre Gruppen waren zu klein und in Pompeji unbedeutend. Dazu kam, dass der Ädil den Wolf und dessen Anhänger gefangen gesetzt hatte. Niemand wollte so eingesperrt werden wie diese Majestätsbeleidiger. Es hieß, dass in den Kerkern drangvolle Enge herrsche und die Hitze dort noch unerträglicher sei als draußen.

Die Ratsherren von Pompeji und andere Vornehme nahmen die Bußprediger erst recht nicht ernst. Die meisten bewohnten Villen und Gutshöfe vor den Mauern, weil ihre Stadtpaläste nach dem großen Erdbeben vor siebzehn Jahren noch immer nicht ganz wieder aufgebaut waren. Sie sollten größer und schöner als vorher werden. Das brauchte Zeit . . .

Immer stärker verwirrten Hitze, Schwüle und flimmernde Luft die Sinne vieler Leute; so, wie der Wüstenwind, der zu bestimmten Zeiten aus Afrika herüberwehte, die Sinne verwirrte.

Streit, Schlägereien, Einbrüche und Straßenraub nahmen zu. Immer häufiger kam es zu Kämpfen zwischen Ordnungshütern und Gewalttätigen.

Zu den Rufen »Tut Buße!« kamen neue dazu: »Freiheit für die Gefangenen! Befreit sie aus dem Kerker, oder Gottes Zorn wird alle treffen!« Niemand von denen, die es riefen, wurde gefasst.

Die Gemahlin des Ädils beschwor ihren Gatten, den Wolf und dessen Leute heimlich abzuschieben.

»Ich ducke mich nicht vor Verschwörern!«, knurrte der Ädil.

»Denk an die Spinnen«, warnte die Frau.

»Du spinnst«, brummte der Gatte.

»Für Geld ist auch in Pompeji fast alles zu haben«, sagte Apollonius zu seinen Freunden. Sie saßen im »Haus des Dichters« zusammen: Apollonius, Kreon, Marius Corvus, Esther, Lea, Amos und – unter dem Tisch – der kleine Hercules. Apollonius hatte die Freunde zu sich gebeten. Es war spät am Abend.

»Es geht um den Wolf und seine Schauspieler«, erklärte der Dichter während der Mahlzeit. »Sie sollen als Schweine lächerlich gemacht, mit Jauche übergossen und ins Wasser getrieben werden. Das darf nicht geschehen.«

»Was schlägst du vor?«, fragte Marius Corvus.

»Sie aus dem Kerker zu befreien«, antwortete Apollonius. »Die Wächter sind bestechlich.«

»Das ist gut«, sagte Esther. »Ich hätte es nicht ertragen, sie so gedemütigt zu sehen.«

»Das größte Hindernis bei der Befreiung ist der Wolf selbst«, brummte Apollonius. »Dieser Dickkopf will sich lieber mit Schande und Spott davonjagen lassen, als sich und seine Leute heimlich zu retten. Das sagte mir einer der Wächter.«

»Wie denken seine Leute?«, erkundigte sich Marius Corvus.

»Zwei denken wie er«, sagte Apollonius. »Die anderen würden lieber heute als morgen ausbrechen.«

»Wenn sich die drei nicht überzeugen lassen, werden wir sie betäuben«, meinte Kreon. »Wir müssen sie nur überraschen. Beim Aufwachen sind sie dann mit den anderen in Sicherheit.«

Lea sah ihn bewundernd an. »Oh ja«, flüsterte sie, »aber sei vorsichtig. Ich wäre sehr traurig, wenn du verletzt würdest.« Sie drückte die Daumen und sah zu Boden.

Amos stupste Kreon an. »Siehst du, wie rot sie wird?«, wisperte er. »Die hat einen ganz schönen Narren an dir gefressen.«

»Ich an ihr auch«, gestand Kreon.

»Uiii!«, schnaufte Amos. Unter dem Tisch quiekte

Hercules, weil ihm sein kleines Herrchen auf den Hundeschwanz gestiegen war.

»Nehmen wir an, dass die Befreiung gelingt«, wandte Esther ein. »Wie kommen der Wolf und seine Leute dann nach Jerusalem?«

»Auf einem Schiff, das am frühen Morgen ablegt«, erklärte Apollonius. »Der Schiffseigner ist einer meiner Bewunderer, ich kann mich auf ihn verlassen. Als Bezahlung fordert er für sich und seine Mannschaft saftige Bratenstücke von einem iberischen Stier. Dafür helfen er und seine Seeleute uns bei der Befreiung. Und dem Stier kann es gleich sein, ob er in der Arena fällt oder auf einem Segler.« Apollonius lachte. »Wenn die drei Dickschädel erwachen, sind sie auf hoher See und können sich aufregen, soviel sie wollen. Also – seid ihr bereit?«

Marius Corvus, Apollonius, Esther, Kreon, Lea und Amos reichten einander über den Tisch hinweg die Hände.

Amos, der den Aufpasser spielen sollte, war mächtig stolz, dass auch er in den Kreis der Verschwörer aufgenommen war. Vor lauter Begeisterung steckte er Hercules ein großes Stück Fleisch zu . . .

Am übernächsten Morgen gab es in Pompeji neuen Gesprächsstoff: Der Wolf und seine Leute waren aus dem Kerker entflohen, mit ihnen ihre Bewacher und der iberische Stier!

»Den Göttern sei Dank«, murmelte die Gemahlin des Ädils, als sie es erfuhr. Ihr Gatte fluchte.

Die Hexe der Schmuggler

In der Nähe von Pompeji gibt es eine Seherin, die angeblich noch nie Falsches prophezeit hat«, meldete ein Freund dem Gladiator Divinus. »Die Leute nennen sie ›die Hexe der Schmuggler‹. Das erfuhr ich für drei Sesterz von zwei Halunken.«

»Bring mich zu ihr‹«, sagte Divinus.

»Nur du allein darfst sie besuchen«, erklärte der Freund, »so habe ich es mit einem der Schmuggler vereinbart. Ich werde dich zum vereinbarten Treffpunkt bringen und dort ein Zeichen geben. Dann wird ein Mann erscheinen, dir die Augen verbinden und dich zur Hexe bringen. Du musst zwei Goldstücke bezahlen.«

»Wann?«, fragte Divinus.

»Morgen vor Sonnenaufgang werden wir zum Treffpunkt reiten«, antwortete der Freund.

In der Morgendämmerung ritten sie an die Steilküste und hielten etwa drei Meilen nördlich des Seehafens. Der Freund winkte mit einem Tuch, von unten winkte jemand zurück. »Mach's gut«, sagte der Freund zu dem Gladiator, wandte sein Pferd und ritt landeinwärts. Kurz darauf erschien ein verwegen aussehender Mann auf einem klapprigen Gaul. »Hast du die Goldstücke dabei?«, erkundigte er sich.

Divinus nickte. »Ja, aber ich gebe sie nicht dir, sondern der Hexe.«

»Du bist gar nicht so dumm, wie du aussiehst«, meinte der andere grinsend. »Die Augen muss ich dir trotzdem verbinden.«

»Tu's«, sagte der Gladiator, »aber sei vorsichtig. Sollte ich deine Hand dort spüren, wohin sie nicht gehört, schlag ich zu.«

»In Ordnung«, knurrte der Schmuggler, verband Divinus die Augen, fasste den Rappen am Zügel und führte ihn auf versteckten Kehren zum Ufer des Meeres hinunter.

Am Strand, vor einem geschickt getarnten Versteck, nahm er dem Gladiator die Augenbinde ab. Divinus blinzelte ins Licht, dann erkannte er kräftige Männer. Zehn bis zwölf mochten es sein. Einigen liefen die Narben schlecht verheilter Wunden über die Gesichter. Vertrauen erweckend sah keiner aus. Seeräuber, dachte der Gladiator und sah sich vor.

»Komm!«, befahl einer der Männer und wies auf den Eingang zu einer Höhle im Steilhang. Divinus sprang vom Pferd, warf die Zügel einem Schmuggler zu und folgte dem anderen.

Dann stand er vor der Hexe. Sie saß auf einem Schemel, der mit einem Bärenfell bedeckt war. Im Schein der Fackeln, die links und rechts von ihr flackerten, sah sie gespenstisch und uralt aus; so, als entstamme sie einer längst vergangenen Zeit.

»Gib mir die Goldstücke«, sagte der Schmuggler, der den Gladiator in die Höhle geführt hatte.

»Wieso dir?«, fragte Divinus.

Die Antwort gab die uralte Frau. »Ich brauche kein Gold mehr«, sagte sie mit einer Stimme, die aus dem Jenseits zu kommen schien.

Divinus warf die Goldstücke dem Schmuggler zu. Der fing sie auf und verschwand.

Ein Windstoß ließ das Fackellicht tanzen. »Ich habe mein Zauberamulett verloren«, sagte Divinus zu der Hexe. »Werde ich Pulcher trotzdem besiegen?«

»Gib mir deine Hand«, sagte die Frau.

Der Gladiator fühlte den Druck von Knochenfingern. – Nach einer Weile, die ihm wie eine Ewigkeit erschien, sagte die Hexe: »Du wirst die Asche überleben – und ein kleiner Hund mit dir.«

»Wie soll ich das verstehen?«, fragte Divinus. »Wieso Asche, und warum ein kleiner Hund?«

Die Antwort blieb aus.

Draußen war plötzlich Geschrei. Divinus lief ins Freie und hörte das Knattern und Rauschen unzähliger Flügel. Sein Rappe und die Pferde der Schmuggler bäumten sich auf und wieherten grell. Divinus sah Vogelschwärme, so mächtig, wie er sie noch nie gesehen hatte.

»Die Vögel sind die Boten des Gottes Vulcanus!«, schrie ein Schmuggler. »Bald ist sein Festtag, doch irgendetwas gefällt ihm nicht!«

»Der dort ist ihm zuwider!«, rief ein anderer Schmuggler und wies auf den Gladiator.

»Du redest irre«, protestierte Divinus. »Vulcanus ist der

Freund aller Gladiatoren, weil er das Krachen der Schwerter liebt.«

Der Vogelschwarm zog einen weiten Kreis über dem Hafen, flog auf das Land zurück und verschwand gegen Süden.

»Unheil droht aus dem Berg«, behauptete der älteste Schmuggler; und als sie die Hexe befragten, stimmte sie ihnen zu.

»Verschwinde!«, fuhr der Anführer der Bande den Gladiator an. »Vulcanus hin, Vulcanus her – der Vogelschwarm verheißt nichts Gutes. Verschwinde, bevor dich meine Leute für einen bösen Geist halten!«

»Ich habe schon mit freundlicheren Menschen geredet«, spottete Divinus und sprang auf sein Pferd. Niemand hielt ihn zurück. Mit hartem Schenkeldruck und Fersenhieben trieb er den Rappen hangaufwärts. Plötzlich wieherte das Pferd erschrocken und bäumte sich schon wieder auf. Wütend riss Divinus am Zügel. »Bist du verrückt geworden?!«, schimpfte er. »Ich lass dich . . .«

Was er androhen wollte, sprach er nicht aus.

Schafe blökten in höchster Angst. Männer schrien. Der Boden zitterte. Eine Schafherde galoppierte vom Hang des Vesuvs herunter und auf das Meer zu. Dämonen schienen sie zu hetzen.

Hinter den Schafen ritten zwei Hirten; doch statt die verängstigten Tiere aufzuhalten, trieben sie diese erst recht an. Vor den in panischem Schrecken fliehenden Tieren drohten der Steilhang und unten das Meer.

Divinus hielt dicht am Abgrund. »Heee!«, schrie er zu den Schmugglern hinunter. »Da gehen Schafe durch! Haltet sie auf, bevor sie ersaufen!« Dann trieb er seinen Rappen der Herde entgegen.

Die Schmuggler sprangen auf ihre Gäule und jagten hangaufwärts. Oben rissen sie die Umhänge von den Schultern, schwenkten sie hin und her und stoben auf die Schafe los. Dazu schrien sie, so laut sie konnten.

Die vordersten Schafe drängten zurück, die Herde stob seitwärts auseinander. Nur wenige Tiere stürzten ab.

Die Schmuggler verschwanden so schnell, wie sie gekommen waren. Die Schafe beruhigten sich nach kurzer Zeit. Aus dem nächsten Gutshof rannten Leute herunter, an der Spitze Marius Corvus, neben ihm Esther, Lea und Amos. Der kleine Mischlingshund sprang kläffend voraus. Der Familie folgten Aufseher, Sklaven und Sklavinnen. Der Lärm hatte sie aufgeschreckt.

Die Schafherde gehörte Marius Corvus. Er dankte dem Gladiator für die Hilfe und bat ihn in sein Haus. Lea erkannte den Reiter, der sie in Pompeji auf sein Pferd gehoben hatte und von Kreon zu Boden gerissen worden war. Sie wurde verlegen und ärgerte sich darüber.

Auch Divinus erkannte das Mädchen. Er nickte Lea zu und lächelte.

Die Hirten berichteten, was geschehen war. Ein Vogelschwarm sei tief über die Schafherde hinweggeflogen und habe die Tiere aufgescheucht. Dann habe die Erde gebebt, Steine seien den Berghang heruntergepoltert und hätten die Herde in Panik versetzt.

Keiner der Gutsleute hatte das Beben der Erde und das Poltern der Steine bemerkt.

Später wurde bekannt, dass zwei weitere Schafherden in Panik geraten und durchgegangen waren, allerdings landeinwärts . . .

Die Hirten des Marius Corvus trieben ihre Herde zurück.

Divinus nahm die Einladung in den Gutshof an. Ablehnen wäre beleidigend gewesen.

Vor dem Hoftor geschah wieder Seltsames. Marius Corvus, der seit längerer Zeit kein Unheil mehr vorhergesehen hatte und sich vom Fluch des Judäers befreit glaubte, blieb plötzlich stehen und wandte sich der Stadt Pompeji zu. Seine Augen blickten ins Leere. Er hob die Hände, als wollte er Schreckliches abwehren, und rief mit fremder Stimme: »Flieht, ihr Männer, Frauen und Kinder! Verlasst die unselige Stadt; denn Asche wird auf Pompeji fallen und alles Leben begraben! Flieht! – Flieht! – Flieht!!«

Seine Stimme überschlug sich. Er schloss die Augen, schwankte und wäre gefallen, wenn Esther ihn nicht gestützt hätte. Zwei Sklaven trugen ihn ins Haus. Dort kam er bald wieder zu sich, wusste jedoch nicht mehr, was er gesehen und gerufen hatte.

Ohne dass es abgesprochen war, redeten die anderen nicht darüber.

Der Hauslehrer, der dem Gladiator gegenübersaß, beugte sich über den Tisch und flüsterte Divinus zu: »Vielleicht sollten wir verschwinden. Es könnte sein, dass sich einige Götter gegen Pompeji verschworen haben und andere uns durch den Vogelschwarm, die Schafherde und Marius Corvus warnen. Götter bedienen sich oft der Tiere und der Propheten.«

»Davonlaufen?«, spottete der Gladiator. »Unsinn. Greif lieber zu, es schmeckt köstlich.« Und er biss in eine Weintraube, dass ihm der Saft aus den Mundwinkeln lief.

Dass Kaiser Titus unter Angstzuständen litt, ahnten nur wenige, die ihn gut kannten. Er fürchtete den Fluch, der seit der Zerstörung des jüdischen Tempels auf ihm lastete. In schlaflosen Nächten hörte er Schreie und Verwünschungen und sah Flammen, aus denen es kein Entrinnen gab, auf sich zukommen.

Zu den Göttern betete er nicht. Sie stritten ja dauernd miteinander: Jupiter mit seiner Schwester Juno, die seine Gemahlin war; die Göttin Juno mit den Göttinnen Venus und Minerva, weil jede die Schönste sein wollte; Vulcanus, der hinkende Gott des Feuers und der Schmiede, mit dem Kriegsgott Mars, der dauernd im strahlenden Panzer herumklirrte und sämtlichen Göttinnen, Nymphen und Nixen schöne Augen machte; und so weiter und so fort . . .

Über Prophezeiungen lachte der Kaiser seit gestern. Da hatte ihm ein Magier vorhergesagt, dass er, der Imperator Titus, den Untergang der heiligen Stadt nur um zwei Jahre überleben werde.

Titus hatte ihn auspeitschen und aus Rom vertreiben lassen. Der Mann war ein Judäer. Mit dem Untergang der heiligen Stadt konnte er nur Jerusalem gemeint haben, davon war der Kaiser überzeugt. Das brennende Jerusalem lag neun Jahre zurück!

Zur selben Zeit, als der Magier unter dem Spott der Menge aus Rom hinausgepeitscht wurde, erklärte der ägyptische Oberpriester in Pompeji die Stadt vor dem Hang des Vesuvs zur »Heiligen Stadt der Isis«.

Brot und Wein

In Pompeji kratzte sich der für Feste und Feiern zuständige Ädil die Glatze, was bei ihm so viel wie Haareraufen bedeutete. Vieles, was er sich so erhebend vorgestellt hatte, war schief gelaufen.

Der Wolf, seine Leute und der iberische Stier waren verschwunden und mit ihnen die Wächter! Es wurde gemunkelt, dass diese bestochen worden und mit den Befreiten auf einem Piratenschiff nach Judäa unterwegs seien. Jüdische Händler wurden verdächtigt, das Schiff gemietet und die Piraten bezahlt zu haben. Beweisen konnte es niemand.

Der iberische Stier, behaupteten Zecher in Schänken und Kneipen, habe ein schmähliches Ende in Piratenbäuchen gefunden, statt ehrenvoll in der Arena zu sterben.

Selbst das Wetter hatte sich gegen den Ädil verschworen. Die Schwüle wurde immer drückender. Nur noch müde winkten die Pompejaner den berühmten Gladiatoren Pulcher und Divinus zu, wenn diese gepanzert, poliert und schwitzend zur Schau durch die Straßen ritten. Kaum jemand berührte sie noch, um Glück zu haben.

Der afrikanische Löwe, hieß es, verweigere das Futter und huste heiser, statt drohend zu knurren.

»Merda!«, schimpfte der Ädil und meinte es ehrlich.

Seine Gemahlin hatte bessere Nerven als er. »Mach dich

nicht verrückter, als du schon bist«, sagte sie. »In Rom schreit das Volk immer wieder nach Brot und Spielen. Wenn es genug zu essen, zu beklatschen und besonders zu trinken hat, ist es zufrieden. Warum sollte es in Pompeji anders sein? Gib den Leuten Brot und Wein. Sie werden sich mit Wein beduseln und dich hochleben lassen.«

»Das würde mich ein Vermögen kosten«, jammerte der Ädil.

Seine Frau lachte. »Dich doch nicht! Die Stadtkasse ist gefüllt. Außerdem nimmst du für das einfache Volk den billigsten Wein. Der Weinhändler Patroklos jammert schon lange, dass eine seiner Schiffsladungen Tafelwein die Überfahrt von Griechenland nach Pompeji schlecht vertragen hat. Als Geschenk für das Volk ist das Gesöff noch trinkbar; vor allem für Leute, die schon benebelt sind. Für die Herrschaften und Reichen kaufst du am besten vom edlen Wein des Marius Corvus. – Alles zum Wohl der Stadt, mein Lieber; dafür ist die Stadtkasse da – zumindest zum größten Teil.«

Der Ädil schöpfte neue Hoffnung und seine Frau behielt Recht. Der Rat der Stadt erklärte sich bereit die Wein- und Brotspeisung für das Volk aus der städtischen Kasse zu bezahlen. »Für die hohen Herrschaften hätten wir sowieso berappen müssen«, meinte ein Ratsherr, dämpfte seine Stimme und flüsterte: »Hoffentlich säuft niemand so viel wie der Schwestersohn.«

Die anderen Senatoren nickten betrübt. Jeder wusste,

dass mit dem Schwestersohn der Neffe des Kaisers gemeint war. Der und seine römischen Begleiter waren seit drei Tagen und Nächten »voll des süßen Weines«, wie sich der Dichter Apollonius poetisch ausdrückte. – »Besoffen«, sagten die weniger Poetischen . . .

»Die ungehobelten Römer gießen deine kostbaren ›Tränen der Venus‹ wie Wasser in sich hinein«, erzählte der Dichter dem Marius Corvus, als er wieder einmal im Landgut vor den Mauern zu Gast war.

»Diese Banausen!«, schimpfte Marius.

Amos hatte zugehört. »Was krieg ich, wenn ich einen Rat weiß?«, fragte er augenzwinkernd.

»Geht es um den Neffen des Kaisers?«, erkundigte sich Marius.

Amos nickte. »Ja, Vater. Ich weiß etwas ganz Tolles.«

»Raus damit!«, befahl Apollonius.

»Was krieg ich?«, fragte der Bengel noch einmal.

Marius Corvus lachte. »Wenn dein Rat gut ist, erfülle ich dir einen kleinen Wunsch. Wenn du Unsinn vorschlägst, lernst du das letzte Gedicht unseres Freundes Apollonius vom Anfang bis zum Ende auswendig.«

Dieses Gedicht hatte Apollonius zum Preise des göttlichen Hercules geschrieben. Es war sechzig Verse lang.

Amos überlegte nicht lange. »Einverstanden, Vater«, sagte er und hielt ihm die Hand hin. Marius Corvus schlug ein.

Amos war sicher, dass er den »Herculesbandwurm« nicht lernen musste. »Wenn mein Rat nicht gefällt, bitte ich Apollonius, mir ein Gedicht mit zwei Zeilen zu schreiben«, hatte er überlegt. »Das lern ich im Handumdrehn.«

Das Hündchen Hercules flitzte herein, sprang an seinem kleinen Herrchen hoch und kläffte.

»Stör nicht, Hercules«, sagte Amos. »Wir beraten. – Sitz!«

Das Hündchen setzte sich und lauschte mit gespitzten Ohren.

»Wir hören«, sagten Marius Corvus und Apollonius gemeinsam. »Sitz, Amos«, setzte Marius schmunzelnd hinzu. Der Junge setzte sich zu den Männern.

Das Hündchen fühlte sich unbeachtet und jammerte leise. »Still, Hercules«, befahl Amos. »Still und Platz!« Hercules streckte sich der Länge nach aus, legte den Kopf auf die Vorderpfoten und äugte unverwandt nach oben. Doch diesmal war es kein Spiel. Das kleine Herrchen redete ziemlich lange mit den großen Herrchen und Hercules musste sehr lange »Platz« bleiben. Als braver Hund muckte er nicht dagegen auf.

Amos erklärte Vater Marius und dem Dichter seinen Plan. »Er ist nicht von mir«, gab er zu. »Er ist mir jetzt nur eingefallen. Mein Freund Heron hat mir die Geschichte erzählt. Wir haben uns halb totgelacht.«

»Heron klingt griechisch«, meinte Apollonius.

»Mein Freund ist Grieche«, sagte Amos. »In Pompeji wohnen viele Griechen.«

»Erzähl, mein Sohn«, sagte Marius Corvus.

»Herons Vater ist Arzt«, berichtete Amos. »Er hat ausgezeichneten Wein zu Hause, auch unsere Venustränen. Die empfiehlt er sogar als Medizin.«

»Ein kluger Arzt«, lobte Marius Corvus. »Heißt er vielleicht Alexandros?«

»Toll, Vater!«, rief Amos. »Wie hast du das so schnell herausgekriegt?«

Marius Corvus lachte. »Es war leicht zu erraten. Der einzige Arzt in Pompeji, der unsere Venustränen auch als Medizin verordnet, ist der Grieche Alexandros. Aus Dankbarkeit verehre ich ihm jedes Jahr eine Amphore Wein und einen Laib Schafskäse.«

»Zur Sache!«, drängte Apollonius. »Was hat der Arzt Alexandros mit dem Neffen des Kaisers zu tun?«

Amos grinste. »Herons Vater, also der Arzt Alexandros, hatte vor einiger Zeit einen Gast in seinem Haus. Der benahm sich genauso wie jetzt der Neffe des Kaisers. Unsere Venustränen schüttete er wie Wasser in sich hinein und war die meiste Zeit blau. Das gewöhnte ihm Alexandros radikal ab. Nach fünf Tagen verließ der Weinschlucker die Stadt. Er glaubte, dass Pompeji, und ganz besonders das Haus des Arztes, von bösen Geistern beherrscht würden.«

»Was hat Alexandros denn getan?«, erkundigte sich Apollonius.

Amos grinste über das ganze Gesicht. »Er mischte dem Saufkopf ein geschmackloses Abführmittel in den Wein, dazu ein ebenfalls geschmackloses Pülverchen, das spckübel macht. Die Wirkung hält ziemlich lange an. Als der Gast abreiste, war er grün im Gesicht und bewegte sich sehr vorsichtig.«

Jetzt grinsten auch die Männer.

»Schaden die Mittelchen nicht?«, erkundigte sich Marius Corvus.

»Bestimmt nicht«, versicherte Amos. »Mein Freund Heron sagt, dass der Patient wieder völlig gesund ist, sobald die Wirkung aufgehört hat. Das weiß er von seinem Vater.«

»Unappetitlich, aber nicht übel«, meinte Apollonius.

»Ist das ein guter Rat, Vater?«, fragte Amos.

»Ja, mein Sohn«, antwortete Marius Corvus. »Sprich deinen Wunsch aus.«

Jetzt grinste der Bengel nicht mehr. »Lass mich Kreon und Lea den Weinbecher reichen, wenn du sie verlobst, Vater. Sie haben sich doch lieb.«

»Einander«, verbesserte Apollonius. »Sie haben einander lieb.«

Amos nickte. »Ja, das auch.«

»Genehmigt«, sagte Marius Corvus und Amos freute sich.

Noch am selben Tag sprach Marius Corvus mit dem Arzt Alexandros. Er brauchte nicht zu bitten. Auch den Meister der Heilkunst schmerzte es in der Seele, dass der kaiserliche Neffe edlen Wein wie Wasser durch die erhabene Gurgel rinnen ließ.

Alexandros redete mit befreundeten Stadträten. Sie stimmten seinem Plan zu und versprachen, allen anderen gegenüber zu schweigen . . .

Die Feiern begannen am Nachmittag des 21. August. Alle Tempel, Paläste, Häuser, Theater und Thermen waren festlich geschmückt. Trotz der Schwüle drängte sich das Volk in Straßen und Gassen. Viele Leute waren von auswärts gekommen. Dass Brot und Wein verteilt werden sollten, hatte sich rasch herumgesprochen.

Laute Hornstöße vom Forum herunter verkündeten den Beginn des großen Festes. In feierlicher Prozession geleiteten Priester, Stadtregenten und Stadträte den kaiserlichen Neffen zu der überlebensgroßen verhüllten Statue, die in der Mitte des Forums stand. Zu beiden Seiten begleiteten vier Prätorianeroffiziere in blitzenden Rüstungen, mit schwarzen Haarbüscheln auf den Prunkhelmen, den Gesandten des Kaisers.

Jetzt war der Neffe nicht betrunken. Gnädig winkte er der jubelnden Menge zu. Er trug eine purpurgesäumte Toga, vergoldete Sandalen, einen Lorbeerkranz auf dem Kopf und in der Rechten ein Zepter aus Elfenbein, das ihn als Vertreter des Kaisers auswies.

Unter den Zuschauern standen Marius Corvus, Lea, Amos, Apollonius und Kreon.

Vor der verhüllten Statue wurden Reden gehalten, die Kaiser Titus dem göttlichen Augustus gleichstellten. Ein Senator feierte Titus als Sieger über die Judäer und lobte ihn besonders dafür, dass er Schätze aus Jerusalems Tempel nach Rom gebracht hatte.

Ein Mann aus Jerusalem, der ihm deswegen fluchte, wurde verhaftet und abgeführt.

Dann zog der kaiserliche Neffe an der Leine und die Umhüllung fiel von der Statue.

Die Menge rief »Aah!« und »Ooh!« und klatschte Beifall. In der Schwüle fielen die Aahs, Oohs und das Händeklatschen müde aus.

Die Statue, das Werk eines pompejanischen Meisters, war aus weißem Marmor. Sie zeigte Kaiser Titus als Gott Hermes, mit einem geflügelten Helm auf dem Haupt und Flügeln an den Füßen.

»Hermes ist der Bote der Götter und der Gott aller Händler«, erklärte Marius Corvus seinem Sohn.

»Weiß ich«, sagte Amos, »aber er ist auch der Gott der Diebe.«

Marius hielt ihm den Mund zu. »Psst, nicht so laut«, flüsterte er.

Der oberste Priester besprengte die Statue mit Wein. Das galt als Trankopfer und wurde »Libation« genannt. Dann besprengte der Neffe den Oheim. Er verzog das Gesicht dabei. Kostbaren Wein an Marmor zu verschwenden widerstrebte ihm und das Trankopfer duftete nach Venusstränen.

Unter dem Beifall der Priester und Vornehmen tanzten Blumenmädchen zu Pfeifen- und Zimbelmusik um Hermes Titus herum.

Die Volksmenge verlief sich rasch. Es hatte sich herumgesprochen, dass in der Stadt schon jetzt Brot und Wein verteilt würden. Da war es ratsam, sich zu beeilen, bevor der Vorrat für diesen Tag ausging.

Die Priester und die hohen Gäste gingen etwas langsamer. Auf sie wartete eine festliche Tafel mit auserlesenen Leckerbissen und kostbaren Weinen.

»Jetzt kriegt er sie bald«, sagte Amos.

»Wer kriegt wen?«, fragte Lea.

Amos grinste. »Na der ver...«

»Schweig!«, flüsterte Marius Corvus. Und der Dichter Apollonius sagte zu Lea: »Er meint den vergöttlichten Kaiser Augustus, dessen Geburtstag gefeiert wird. In allen Tempeln der Stadt werden ihm besonders reiche Opfer gebracht, damit er wegen Titus nicht beleidigt ist. In seinem eigenen Tempel bekommt er eine besonders feierliche Libation. Die meint Amos.« Dann presste er die Lippen zusammen, um das Lachen zu verbeißen. Er stellte sich vor, wie der kaiserliche Neffe den Wein in sich hineinschüttete, den der Arzt Alexandros mit seinem »Galoppiermittel«, wie er es nannte, versetzt hatte...

So geschah es dann auch.

Als berühmter Bürger Pompejis war der Arzt Alexandros zur Festtafel geladen worden und »rein zufällig« saß er dem kaiserlichen Neffen gegenüber und spielte für diesen den Mundschenk. Immer wieder goss er ihm aus der Amphore ein, die den kostbarsten Wein enthielt, der nur für den hohen Gast bestimmt war. Der Römer soff wie gewohnt. Nach dem dritten Gang – köstlichen Wachteln in Honig – sauste der Neffe davon.

Und es bebte die Erde!

Nur wenige Leute spürten die drei dicht aufeinander folgenden Stöße. Im allgemeinen Trubel wurden sie nicht beachtet.

Reichlich genossener Wein ließ die Zecher stärker schwanken als der Gott Vulcanus den Erdboden . . .

Am nächsten Morgen reiste der kaiserliche Neffe mit seiner gesamten Gefolgschaft ab. Er fühlte sich elend und traute sich keinen Bissen zu essen. »Die Götter Pompejis haben etwas gegen mich«, stöhnte er. »Nichts wie weg von hier!«

Er verschwand ohne großen Abschied. Die Pompejaner trauerten ihm nicht nach.

Das Fest der Ismene

Noch war Pompeji nach dem gewaltigen Erdbeben des Jahres 62 nicht völlig wieder aufgebaut. Einige Paläste konnten nicht bewohnt werden, weil sie größer und prächtiger werden sollten als vorher. Berühmte Maler, Mosaikenleger und Bildhauer waren viel beschäftigt, schwer zu bekommen und brauchten viel Zeit.

Inzwischen lebten die Bauherren in ihren Villen auf dem Lande. Nur zu den Augustus-, Titus- und Vulcanusfeiern waren sie nach Pompeji gekommen. Sklaven hatten die halb fertigen Stadtwohnungen so bequem wie möglich eingerichtet.

Zu den bereits fertig gestellten Gebäuden gehörte das »Haus des Dichters«, das Apollonius und Kreon bewohnten. Zu den Festlichkeiten hatten sie – wie auch andere Pompejaner in intakten Häusern – zahlende Gäste aufgenommen.

Auch Marius Corvus und Frau Esther beherbergten Gäste in ihrem Landgut vor den Mauern der Stadt. Der Hof war erdbebensicher gebaut. Die Erdstöße der letzten Tage regten hier niemanden auf.

Am frühen Vormittag des 22. August ritten der Gladiator Pulcher und seine Freunde zu Marius Corvus hinaus. Ein bezahlter Spitzel hatte Pulcher gemeldet, dass der gefürchtete Divinus sein Amulett verloren habe. Diese Nachricht war Pulcher ein Goldstück wert gewesen.

Jetzt sah er dem Kampf gelassen entgegen. Ohne seinen germanischen Zauber konnte Divinus nicht gewinnen. Pulcher fühlte sich schon jetzt als bester Gladiator des Römischen Reiches.

Zu Marius Corvus ritt er, um einige Amphoren edelsten Wein zu bestellen. Für die Siegesfeier nach dem Kampf in der Arena war der beste Wein gerade gut genug. Einen Becher wollte Pulcher sogar auf das Wohlsein des toten Divinus leeren. Er schmunzelte, wenn er daran dachte.

Am Tor trafen die Reiter auf Amos und Hercules. Das Hündchen bellte drohend.

»Halt's Maul, du Kläffer!«, schimpfte der Gladiator und: »Bring mich zum Hofbesitzer!«, herrschte er den Jungen an.

Amos blieb stehen. »Du hast ein Wort vergessen, Pulcher«, sagte er ernsthaft.

»Du kennst mich?«, fragte der Gladiator geschmeichelt.

»Ja«, antwortete Amos. »Ich hab dich neben Divinus in Pompeji einreiten sehen.«

»Wie schön«, sagte Pulcher gewollt freundlich. »Jetzt bring mich zum Hofbesitzer.«

»Du hast ein Wort vergessen«, wiederholte Amos trotzig. Das Hündchen Hercules spitzte die Ohren. Wenn das kleine Herrchen so scharf redete, lag etwas in der Luft. Vielleicht befal es gleich: Fass, Hercules! Pack zu! Diesmal nicht.

»Welches Wort soll ich denn vergessen haben, du Grünschnabel?«, rief der Gladiator gar nicht mehr freundlich.

Hercules knurrte.

»Das Wörtchen ›bitte‹«, antwortete der Junge.

»Na hör mal!«, brauste Pulcher auf. »Bist du vielleicht der Hofbesitzer?«

»Ich bin sein Sohn«, sagte Amos.

»Bring uns zu deinem Vater – bitte«, bat einer der Begleiter.

Esther und Lea kamen in den Hof. »Was wollt ihr von meinem Gatten?«, erkundigte sich die Frau.

»Wein«, antwortete Pulcher. »Sag mir, wo ich Marius Corvus finde.«

Amos hob den Finger.

»Bitte«, brummte der Gladiator.

»Was ist los?«, fragte jemand im Hintergrund. Marius Corvus kam aus dem Haus – und da war das »Gesicht« wieder.

Marius Corvus erkannte den Gladiator und taumelte zurück, als habe er einen Schlag erhalten. Er streckte beide Hände gegen Pulcher aus und rief mit fremder Stimme: »Flieht aus Pompeji, Gladiator! Flieht, so schnell ihr könnt! Ich sehe euch unter Asche begraben, dich und die Frau! Flieht und seht euch nicht um!«

»Welche Frau?«, fragte Pulcher spöttisch.

Zwei seiner Begleiter grinsten unsicher; die anderen kniffen die Daumen ein, um böse Geister abzuwehren.

»Flieht!«, rief Marius Corvus noch einmal, wandte sich

um und ging ins Haus zurück. Esther legte ihm die Hand auf die Schulter. Ihre Leute folgten ihnen. Ein Sklave schlug das Hoftor zu.

»Verdammt schwül heute«, brummte Pulcher und wischte sich den Schweiß vom Gesicht. Seine Begleiter nickten ihm zu. Die Prophezeiung des Marius Corvus hatte alle unsicher gemacht. So, wie die Warnung ausgesprochen war, ließ sie sich mit keinem dummen Witz wegreden.

Über dem Gipfel des Vesuvs schwelte grauer Dunst. »Ist es eine Wolke oder Rauch aus dem Berg?«, fragte einer der Reiter, nur um etwas zu sagen.

»Eines von beiden wird es wohl sein«, spottete ein anderer. »Wolken gibt es genug und Rauch steigt immer wieder aus dem Vesuv, sagen die Pompejaner.«

Aus der Erde kam leichtes Grollen und der Boden zitterte. Wieder dauerte es nur wenige Augenblicke lang, dann war Ruhe.

Unwillkürlich griff Pulcher nach seinem Amulett – und erschrak. Der Stein, der sonst nur im Dunkel geschimmert hatte, strahlte jetzt am hellen Tag! »Wenn er im Dunkel nicht mehr leuchtet, bist du in höchster Gefahr«, hatte der ägyptische Zauberpriester gesagt. – Im Sonnenlicht war der Stein bisher unscheinbar grau gewesen. Was bedeutete sein Leuchten bei Tageslicht?

»Was ist los mit dir, Pulcher?«, fragte einer der Freunde. »Dein Gesicht ist grau wie ein Schafskäse.«

»Als ob er einen Totenkopf auf dem Hals hätte«, flüsterte ein anderer seinem Nebenmann zu.

So leise es gesprochen war, Pulcher hatte es gehört. »Sind euch die Worte eines Verrückten so in die Knochen gefahren, dass ihr am hellen Tag Gespenster seht?«, fuhr er die Freunde an. »Mein Zauber hat mir soeben ein langes Leben versprochen. Er leuchtet jetzt sogar am Tag. Wenn das kein gutes Zeichen ist!«

Die Freunde klatschten Beifall – und sahen an Pulcher vorbei. Das graue Gesicht war geblieben, Pulchers Stimme hatte gezittert. »Vielleicht sollten wir doch aus Pompeji verschwinden«, meinte einer. »Wenn Marius Corvus Recht hätte . . .«

Pulcher fiel ihm ins Wort: »Er hat nicht Recht! Wo ist denn die Frau, die mit mir unter Asche begraben sein soll?« Er lachte gekünstelt. »Ich habe keine Freundin in Pompeji, nicht einmal eine Bekannte!«

Er trieb sein Pferd an und galoppierte davon. Die Freunde stoben ihm nach.

In der Stadt hatten sie Mühe, sich durch das Gewühl zu drängen. Öfter als sonst griffen sie zu den Peitschen, nicht um die Pferde anzutreiben, sondern um sich den Weg freizuschlagen. Entrüstete wagten es, den gefeierten Gladiator zu beschimpfen!

Der kostenlose Wein des Ädils zeigte seine Wirkung. Lärmend, wie sonst nur während der Bacchanalien, quirlten und tanzten, hüpften, sprangen und torkelten die Leute durcheinander. Bewaffnete Stadtknechte verhinderten schlimme Ausschreitungen.

Vor der Schänke des Euxinus, in der Pulcher mit seinen

Freunden wohnte, begrüßte ihn der Wirt mit einem Augenzwinkern und winkte ihn beiseite. »Die edle Ismene erwartet dich«, meldete er schmunzelnd.

»Ismene?«, fragte der Gladiator. »Wer ist das?«

»Die Tochter des Goldschmiedes Philippos«, erklärte Euxinus. »Er ist einer der reichsten Männer in Pompeji.«

Pulcher zuckte die Achseln. »Na und? Reiche Väter haben meist alte oder hässliche Töchter.«

»Ganz im Gegenteil«, widersprach Euxinus. »Ismene ist siebzehn Jahre jung und bildhübsch. Sie verehrt dich, seitdem sie dich bei deinem Einzug in Pompeji gesehen hat. Sie hat ihrem Vater erklärt, dass sie dich heiraten werde, dich und keinen anderen.«

Pulcher war neugierig geworden. »Und wo ist dieses Prachtstück?«, fragte er spöttisch.

»Dein Einverständnis vorausgesetzt, habe ich sie in deinem Gemach auf dich warten lassen«, antwortete Euxinus.

Pulcher rannte ins Haus, über den Hof und die Treppe hinauf. Vor der Tür seiner Kammer blieb er stehen. Wieder wischte er sich den Schweiß von der Stirn. Deutlich hörte er die Stimme des verrückten Corvus: »Ich sehe euch unter Asche begraben, dich und die Frau!«

»Oh Götter!«, stöhnte der Gladiator.

Da wurde die Tür von innen geöffnet und Pulcher staunte mit offenem Mund. Auf der Schwelle stand eine junge Dame. Sie hatte ein griechisches Gesicht mit dunklen Augen, einer geraden Nase wie die Marmorstatuen griechischer Göttinnen und tiefschwarze Haare. Sie war hoch gewachsen und schlank.

Eine Göttin, dachte der Gladiator bewundernd.

Sie lächelte und das Lächeln machte sie noch schöner.

»Ich bin Ismene, die Tochter des Philippos«, sagte sie. Ihre Stimme verzauberte Pulcher immer mehr.

»Euxinus bat mich hier zu warten«, fuhr sie fort. »Ich danke dir für deine Gastfreundschaft und freue mich, dich näher kennen zu lernen.« Sie sprach Latein mit leicht griechischem Akzent.

»Ich freue mich ebenfalls«, sagte der Gladiator und ärgerte sich, dass ihm nichts Besseres einfiel.

Einige seiner Freunde, die nebenan wohnten, lauschten auf den Gang heraus.

»Gehen wir hinein«, sagte Pulcher und schloss die Tür hinter Ismene und sich.

Speisen und Getränke brauchte er nicht zu bestellen. Euxinus hatte reichlich auftragen lassen. Pulcher schenkte Wein ein und trank Ismene zu. Er suchte nach Worten und fand die richtigen nicht. Er, der schon so vielen Damen Komplimente gemacht hatte, war verlegen wie ein schüchterner Junge.

Ismene half ihm. »Sicher möchtest du wissen, warum ich dich besuche«, sagte sie lächelnd.

»Ja bitte«, antwortete er, obwohl es ihm Euxinus bereits verraten hatte.

»Ich werde dich heiraten«, erklärte sie, »noch in diesem Monat.«

Diese Offenheit hatte er nicht erwartet. »Mich – heiraten?«, stotterte er und ärgerte sich über sein Gestammel.

»Du gefällst mir«, sagte Ismene. »Ich hoffe, dass ich dir auch gefalle. Ich bin reich und die Leute behaupten, dass ich hübsch sei. Ich habe meinem Vater erklärt, dass du bald mein Gatte sein wirst.«

»Und?«, fragte Pulcher.

Ismene lachte. »Er hätte sich einen Besseren gewünscht als dich, aber ich habe mich noch immer gegen ihn durchgesetzt. – Also?«

Dass sich der Goldschmied einen besseren Schwiegersohn wünschte als ihn, den berühmten Gladiator, traf Pulcher in seinem Stolz.

Ismene erriet seine Gedanken. »Mach dir Vaters wegen keinen Kummer«, tröstete sie. »Als Mutter noch lebte, tanzte er nach ihrer Pfeife, jetzt tanzt er nach meiner.«

»Und wenn ich in der Arena unterliege?«, wandte Pulcher ein.

»Ich hab dich lieb«, sagte Ismene sehr ernsthaft. »Es ist nicht nur eine Laune von mir. Ich werde allen Göttern Opfer bringen lassen, damit sie dich beschützen. Auch die Götter lassen sich kaufen, sagt mein Vater. Wer viel spendet, dem versprechen ihre Priester Glück und ein langes Leben dazu.« Plötzlich fiel alle Hochnäsigkeit von ihr ab. »Könntest du mich ein bisschen lieb haben?«, fragte sie schüchtern.

»Ja«, sagte der Gladiator.

»Dann ist alles in Ordnung!«, jubelte sie.

»Nein«, widersprach Pulcher. »Da ist eine Prophezeiung, von der ich glaubte, dass sie Unsinn sei. Jetzt bist du da und alles sieht anders aus.« Er erzählte, was ihm Marius Corvus vorhergesagt hatte: »Ich sehe euch unter Asche begraben, dich und die Frau.« Pulcher atmete schwer. »Nach der Prophezeiung des Marius würden wir zusammen sterben.«

»Komm heute Abend in unsere Villa«, bat Ismene. »Dort werde ich dich meinem Vater und meinen Bekannten vorstellen. Du wirst Eindruck machen und alle werden mich beneiden.«

»Und die Asche?«, murmelte Pulcher.

Ismene lachte. »Wennschon! Dann wollen wir die Zeit bis dorthin genießen. Ich werde dir ein Fest geben, von dem ganz Pompeji schwärmen soll. Meine Sklaven werden sich beeilen.«

Ihre Fröhlichkeit steckte Pulcher an. Er versprach zu kommen.

Zur selben Zeit bestraften rächende Götter den Straßenjungen, der dem Gladiator Divinus das Amulett vom Hals gerissen hatte; nicht der germanischen Erde wegen, sondern wegen des goldenen Kettchens.

Der Dieb war Felix, »der Glückliche«.

Bisher hatte er das Kettchen nicht verkauft. Er wollte warten, bis der berühmte römische Gladiator, tot oder lebendig, aus Pompeji verschwunden und keine Gefahr mehr für ihn war.

Felix trug das Zauberamulett am Hals, sah das Kettchen immer wieder an und freute sich am goldenen Schimmer. Glück brachte es ihm nicht.

Auch andere Leute hatten das Kettchen mit gierigen Augen gesehen.

Als Felix an diesem Vormittag an einer Seitengasse vorbeischlenderte, wurde er gepackt, bekam einen Schlag auf den Kopf und sah und hörte nichts mehr.

»Wir werden heute Abend ein großes Fest geben«, sagte Ismene zu ihrem Vater.

»Du bist verrückt«, brummte der Goldschmied Philippos. »Jetzt geht es auf Mittag zu. Wie soll da ein Fest bis zum Abend vorbereitet werden? Hexen können auch unsere Sklaven nicht.«

»Sie werden sich mehr als sonst beeilen«, sagte Ismene.

»Und für wen, bitte, soll das Fest sein?«, erkundigte sich Philippos spöttisch. »Für einen Halbgott vielleicht?«

Ismene nickte. »Ja, Vater, so etwas Ähnliches ist er.«

Philippos ahnte Schlimmes, doch stellte er sich dumm. »Wer?«, fragte er brummig.

»Pulcher«, antwortete Ismene, »der Gladiator. Heute Abend werde ich mich mit ihm verloben.«

Der Goldschmied schnappte nach Luft. »Ver-verloben?«, schnaufte er mühsam.

»Ja, Vater«, bestätigte Ismene ernsthaft, »verloben – und dann werde ich ihn heiraten.«

144

»Du bist verrückt«, stellte der Goldschmied zum zweiten Mal fest.

Ismene umarmte ihn und kitzelte ihn unter dem Doppelkinn. Das mochte er sonst gern. Diesmal schüttelte er sie ab. »Meine Tochter und ein Gladiator!«, stöhnte er. »Oh Götter, womit hab ich das verdient!«

Ismene lachte. »Verdient hast du das nicht, Vater. Es ist eine Gnade der Götter, dir den berühmten Pulcher zum Schwiegersohn zu geben.« Sie schmollte. »Oder willst du, dass ich mit ihm durchgehe und nie wieder von mir hören lasse?« Sie schlug die Hände vor das Gesicht und schluchzte gekonnt. Durch die Finger beobachtete sie den Vater verstohlen.

»Hör auf zu heulen«, knurrte Philippos. »Du spielst mir ja doch wieder nur Theater vor.«

Ismene schluchzte lauter.

»Hör auf!«, rief der Goldschmied.

Ismene wand sich unter einem Weinkrampf – und siegte.

»Meinetwegen«, murmelte der Goldschmied, »dann schlepp ihn heut Abend an.« Im Stillen hoffte er, dass dieser Pulcher genau so ein vorübergehender Schwarm seiner Tochter sein werde, wie es die Schnösel vor ihm waren.

Ismenes Tränen versiegten sofort. Sie küsste Philippos auf die Wangen, die Glatze, die Stirn und die Nasenspitze und nannte ihn den liebsten und besten Vater in ganz Pompeji. Dann scheuchte sie den Sklavenaufseher und sämtliche Sklaven und Sklavinnen durcheinander. »Wehe euch, wenn das Fest mich enttäuscht!«, drohte sie; und jeder sah ihr an, dass sie es ernst meinte.

Der Goldschmied Philippos sandte Boten an die vornehmsten und reichsten Leute der Stadt, ließ Geschenke überreichen und wegen der kurzen Zeit um Nachsicht bitten. Es handle sich jedoch um Wichtiges, ließ er bestellen, und er und Ismene würden sich über den Besuch der Ehrenwerten sehr freuen.

Kaum jemand sagte ab. Eine Einladung bei Philippos war immer ein Ereignis und für Überraschungen gut gewesen.

Auch Marius Corvus und seine Gattin Esther hatten zugesagt. Zwei Köstlichkeiten kamen aus dem Landgut des Freundes aller Feinschmecker: Die Tränen der Venus, jener herrliche Wein, »der Geist und Gaumen beflügelt«, wie der Dichter Apollonius schwärmte, und der duftende Schafskäse, der – ebenfalls nach Apollonius – »wie ein Gedicht auf der Zunge zerschmilzt«.

Die Sklaven schafften, was unmöglich schien. Bis zum Abend strahlte der Festraum im Glanz der Lichter, der Marmorstatuen, spiegelnden Mosaiken und des kostbaren Tafelgeschirrs. Die Sitze für die Damen und die Ruheliegen für die Herren waren mit duftenden Blüten geschmückt. Aus der Küche roch es nach raffinierten Delikatessen.

Ismene schien überall zugleich zu sein. Der Hausherr Philippos ließ sich während der Vorbereitungen nicht weiter blicken. Hektisches Getue schade seiner Leber, sagte er. Das behauptete er immer, wenn er sich drücken wollte. Heute hatte Ismene seine Leber schon von Anfang an strapaziert.

In der Küche wurden Muränen zubereitet, Wildschweinbraten und als besondere Delikatesse im Weinsud gegarte Drosseln und gemästete Haselmäuse.

Auf silberne Obstschalen hatten kundige Hände Berge von Feigen, Weintrauben und veredelten Kirschen aufgebaut, dazu die erst vor kurzem bekannt gewordenen Aprikosen.

An Wein gab es neben den Venusтränen des Marius Corvus campanischen Falerner, zum Würzen Pfeffer für den »Vinum piperatum«, Myrrhe für den »Vinum murratum« und Honig für jene, die gesüßten Wein liebten.

Zur Unterhaltung und Belustigung der Gäste hatte Ismene Musikanten, Tänzerinnen, Ringkämpfer, Spaßmacher und Zauberkünstler gemietet.

Am meisten stöhnten die Sklavinnen, die ihre Herrin für den Abend schmückten. Immer wenn Ismene in den Spiegel blickte, den eine Sklavin ihr vorhielt, fand sie sich nicht schön genug und teilte Fußtritte aus.

Die schwarze Rua bekam Ismenes Zorn besonders zu spüren. Sie biss die Zähne zusammen und begehrte nicht auf. Aber sie nahm sich vor, Sklavinnen menschlich zu behandeln, wenn sie freikommen würde. Zu Hause, bevor sie von Sklavenjägern verschleppt worden war, war sie die Tochter eines Häuptlings gewesen und hatte vielen Sklavinnen befohlen. Ein römischer Händler hatte sie auf dem Sklavenmarkt als »schwarze Prinzessin« angeboten. Der Goldschmied Philippos hatte sie gekauft und seiner Tochter zum siebzehnten Geburtstag geschenkt.

Stumm hörte sie Ismenes Beschimpfungen an und zuckte kaum merklich unter den Fußtritten der Herrin zusammen. Im Stillen bat sie die Götter ihrer Heimat, Ismene und alle Pompejaner zu vernichten . . .

Die vornehmen Gäste ließen sich – wie es ihrem Rang gebührte – in Sänften zu Philippos tragen. Jeder Gast wurde mit Hornstößen begrüßt.

Straßenbummler, die dem kostenlosen Stadtwein zugesprochen hatten, strömten dem Palast des Goldschmiedes zu und wurden nicht enttäuscht. Ismene ließ Honiggebäck unter den Zaungästen verteilen und manche Festbesucher warfen ihnen Kupfermünzen zu.

Marius Corvus und Esther kamen zu Fuß. Sie wurden weder mit Hornsignalen begrüßt noch von ausgestreckten Händen belästigt. Erst der Türsteher erkannte sie und ließ sie ein.

Als niemand mehr kam, verliefen sich Gaffer und Bettler.

Den Gladiator Pulcher hatte kein Neugieriger gesehen. Er war durch eine Geheimtür ins Haus des Goldschmieds geschlüpft. Ismene hatte ihn stürmisch empfangen und zu ihrem Vater geführt.

Und siehe da: Vater Philippos sagte zu dem Gladiator:

»Eigentlich gefällst du mir. Sieh zu, dass dich meine Tochter nicht wie ein Spielzeug behandelt.«

»Aber Vater!«, begehrte Ismene auf.

»Keine Sorge«, sagte Pulcher. »Erstens liebt sie mich, zweitens liebe ich sie, und drittens« – er zwinkerte Philippos zu –, »also drittens würde ich sie übers Knie legen, wenn sie mich so herumkommandieren möchte wie ihre bisherigen Freunde.«

»Na hör mal!«, begehrte Ismene auf. »Woher weißt du das?«

»Hab ich heut Nachmittag gehört«, antwortete Pulcher. »Aber ich weiß auch, dass es mit uns beiden anders ist.«

»Bestimmt«, bestätigte Ismene. »Dich mag ich wirklich.«

»Ich dich auch«, gestand der Gladiator.

Vater Philippos drückte sich und ihnen die Daumen.

Als Pulcher am Arm der schönen Ismene den Festraum betrat, seufzten manche Damen ein bewunderndes »Ooh« für den Gladiator und die Herren empfingen die Tochter des Hauses mit Beifall.

Der Dichter Apollonius war als Festpoet geladen. In aller Eile hatte er ein Gedicht auf Ismene und Pulcher verfasst. Jetzt rückte er seinen Lorbeerkranz zurecht, erhob sich würdevoll und griff in die Saiten seiner Lyra. Von zarten Akkorden begleitet, begann er, halb sprechend, zu singen:

»Frohlocke, Pompeji, zum Feste Ismenes . . .«

Weiter kam er nicht. Unerhörtes geschah.

Marius Corvus sprang auf und streckte die Arme aus. In seinen Augen glühte der Wahnsinn. Frau Esther ergriff seinen Arm. Marius Corvus schüttelte sie ab und rief mit weithin hallender Stimme: »Zittert, ihr Männer und Frauen, die ihr hier versammelt seid! Ich sehe den Tod in euren Gesichtern!« Er wies auf Pulcher: »In deinem Gesicht!« Er zeigte auf Ismene: »In deinem!« Er wies in die Runde: »Und in euren Gesichtern!«

Unruhe kam auf.

Marius Corvus überschrie sie: »Wenn ihr euch retten wollt, dann flieht aus der Stadt! Vielleicht entkommt ihr dem Zorn der Götter! Flieht und seht euch nicht um!«

Wie zur Bestätigung seiner Worte ließen Erdstöße den Boden zittern. Ängstliche schrien auf und drängten zum Ausgang.

»Flieht!«, kreischte Marius Corvus. »Schon ballt sich die Asche zusammen, die euch begraben soll!« Seine Stimme überschlug sich. »Flieht! Flieht! Flieht!!«

Ein heftiger Erdstoß, und Marius Corvus schrie weiter: »Schon stürzt der Mächtige!« Dann schloss er die Augen und sank hintenüber. Sklaven fingen ihn auf. Der Arzt Publius Cornelius Vetus kümmerte sich um ihn und fand keine Spur einer Krankheit.

Noch bevor er die Untersuchung beendet hatte, meldete ein aufgeregter Bote: »Schreckliches geschah auf dem Forum! Der Erdstoß stürzte die Statue des erhabenen Kaisers Titus vom Sockel und sie zerbrach!«

Jetzt sprangen auch Besonnene auf. »Das ist ein Omen«, sagte die Gattin des Ädils zu ihrem Gemahl. Sie deutete verstohlen auf Marius Corvus und flüsterte hinter der vorgehaltenen Hand: »Vielleicht hat der Verrückte Recht.«

Andere dachten und sagten Ähnliches.

Der Goldschmied Philippos versuchte zu retten, was zu retten war. Er ließ Musik machen und die Tänzerinnen auftreten. »Liebe Gäste«, rief er beschwörend, »lasst euch die Freude nicht verderben! Der gute Marius hat zu viele seiner Venusträner genossen; da solltet ihr seine Worte nicht auf die Goldwaage legen! Bleibt, Freunde! Wer sonst soll die Köstlichkeiten genießen, die auf euch warten!«

»Und Titus?«, rief jemand.

»Ein Zufall«, antwortete der Goldschmied. »Außerdem ist die Statue nur ein Abbild des Erhabenen. Ich spende ein neues!«

Seine Worte beruhigten nicht alle. Nur die Hälfte der Geladenen feierte das Fest der Ismene weiter.

Marius Corvus kam bald wieder zu sich. Diesmal hatte seine Erinnerung nicht ausgesetzt. Als er an Esthers Seite nach Hause ging, sagte er: »Ich sah den Tod in ihren Gesichtern und die Asche, die sie begraben wird.« Er ballte die Fäuste und stöhnte: »Wenn er doch endlich den Fluch von mir nähme!«

Frau Esther strich ihm über die Stirn. Und sie sagte: »Gott meiner Väter, erbarme dich der Kinder.«

Zu dieser Stunde trieb ein lebloser Körper auf den Wellen des Sarnus dem Meer entgegen. Es war Felix, »der Glückliche«. Um seinen Hals lief ein rotes Mal, als ob ihm jemand eine Kette abgerissen hätte.

Niemand vermisste ihn. Er war ein Straßenjunge ohne Angehörige gewesen.

In einer Seitengasse der Stadt Pompeji lag ein graues Säckchen. Nächtliche Bummler gingen daran vorüber, einige traten darauf.

Niemand bückte sich danach.

Die Pompejaner traten germanische Erde mit römischen Füßen.

Am frühen Morgen, lange vor Sonnenaufgang, trafen die Gladiatoren Pulcher und Divinus zu einem seltsamen Gespräch zusammen.

Pulcher war von seiner Verlobungsfeier in die Schänke des Euxinus zurückgekehrt. Zwei seiner Freunde stützten ihn. Vor der Kammertür des Divinus blieb er stehen, klopfte an und lallte mit schwerer Zunge: »Di-Di-divinus – mach auf!« Seine Begleiter grinsten über den sinnlos Betrunkenen.

Divinus hatte geschlafen. »Einen Augenblick«, knurrte er unwillig, stand auf und öffnete die Tür.

Pulcher schwankte, sagte »Hicks« und stotterte: »Bist du es – tatsächlich, oder – bist du – dein Geist?«

»Du bist betrunken«, brummte Divinus. »Geh schlafen!«

Pulchers Begleiter nickten ihm zu.

»Ein Gladiator, der sich kurz vor einem entscheidenden Kampf voll laufen lässt, ist ein Selbstmörder«, sagte Divinus. Auch er sprach mit schwerer Zunge, obwohl er nichts Berauschendes getrunken hatte. Die Schwüle war daran schuld.

»Ich habe mich – mit Ismene verheiratet«, stammelte Pulcher, kratzte sich hinter dem Ohr, schüttelte den Kopf und verbesserte sich: »Quatsch! Ich hab mich nicht – verheiratet, ich – ich hab mich – verlobt. Da wird man doch ein – ein Becherlein trinken dürfen.«

»Ein Becherlein?«, spottete Divinus.

»Verschwindet!«, fuhr Pulcher seine Begleiter an. Dann wandte er sich wieder Divinus zu. »Nein«, stellte er fest, »du – du bist kein Geist. – Geister grinsen nicht – so blöd.« Er tippte Divinus an. »Wenn du mir zur – zur Verlobung Glück wünschen möchtest, dann – trete ich bei dir ein, jawohl.« Er schob Divinus in dessen Kammer zurück, stolperte ihm nach und schlug die Tür hinter sich zu.

Zwei Öllämpchen, die nachts immer brannten, gaben müdes Licht.

Dann staunte Divinus. Pulcher war plötzlich stocknüchtern! Auch die Schwüle schien ihn kaum zu bedrücken.

»Wieso?«, fragte Divinus.

Pulcher lachte. »Schön, dass auch du auf meine Komödie hereingefallen bist. Ich musste sie der Verlobungsgesellschaft vorspielen, sonst wäre ich zu spät heimgekommen. Bis morgen Nachmittag brauche ich viel Schlaf, um

Kraft gegen dich zu sammeln. Du bist der schwierigste Gegner, den ich in der Arena besiegen werde.«

Divinus winkte ab. »Du wirst mich nicht besiegen.«

»Hast du dein Zauberamulett wieder gefunden?«, lauerte Pulcher.

»Woher weißt du, dass ich es verloren habe?«, fuhr Divinus ihn an.

»Ich habe es erfahren«, antwortete Pulcher. »Von wem, spielt keine Rolle.«

»Um dich zu besiegen, brauche ich keinen Zauber«, prahlte Divinus.

»Also hast du es nicht wieder gefunden«, stellte Pulcher fest. »Um das von dir zu erfahren, bin ich gekommen. Ich wollte mich vergewissern, dass ich morgen nur gegen dich und nicht auch noch gegen deine germanische Erde kämpfen muss.«

»Mein Vater versprach mir den Sieg«, sagte Divinus.

Pulcher verzog das Gesicht. »Dein Vater? Ist er nicht im Kampf gegen römische Legionäre gefallen?«

Divinus nickte.

»Wie kann er dir dann den Sieg über mich versprechen?«, spottete Pulcher. »Im Traum vielleicht?«

»So ähnlich«, gab Divinus zu.

Pulcher schüttelte den Kopf. »Ich glaube an Zauberei, aber nicht an Träume«, meinte er gleichmütig. Dann schlug er Divinus auf die Schulter. »Ich werde ehrlich gegen dich kämpfen«, sagte er und es war kein Spott mehr in seiner Stimme. »Wenn du ohne Zauber gegen mich antreten musst, werde auch ich keinen tragen. Ich lasse ihn morgen in meiner Kammer zurück.« Er hielt Divinus die Hand entgegen und der andere schlug ein.

Pulcher wünschte ihm eine gute Nacht und ging.

»Ich hätte nicht gedacht, dass er so ehrlich ist«, murmelte Divinus hinter ihm her. »Danke, Freund Pulcher. Fast tut es mir Leid, dich töten zu müssen.«

In seiner Kammer warf sich Pulcher angekleidet aufs Lager. »Du bist ein Narr, Divinus«, höhnte er. »Jetzt glaubst du, leichtes Spiel mit mir zu haben. Da wirst du dich in der Arena kaum anstrengen. Bis du erkennst, dass ich meinen Zauberstein trage, ist es zu spät für dich. Da zappelst du schon in meinem Netz und erwartest den Tod.«

Er streichelte den Stein, der in mattem Licht leuchtete. »Ich und du«, sagte er leise, »wir kriegen ihn klein.«

Dem Ende entgegen

Der Morgen des 23. August war drückend schwül. Feuchter Dunst kroch vom Meer herauf über das Land. Wie ein blutroter Feuerball ging die Sonne auf. Kein Vogel sang, kein frei lebendes Tier ließ sich blicken. Die Hirten hatten ihre Schafe auf die andere Seite des Berges getrieben; dort lagerten die Herden im Schatten von Höhlen.

Wo noch eine Quelle als winziges Rinnsal aus dem Boden sickerte, drängten die Tiere sich zusammen. Der Pompeji zugewandte Berghang war restlos vertrocknet. Die Stadt schien ausgestorben. Ein streunender Hund strich über das Forum und beschnupperte einen Marmorfinger der Titusstatue, den das Aufräumkommando übersehen hatte. Ein Bettler, der hinter einer Säule des Apollotempels seinen städtisch genehmigten Weinrausch ausschlief, hustete im Schlaf. Der Köter zuckte zusammen, jaulte erschrocken und floh.

Nach Festtag sah es nicht aus. Für heute waren Pferderennen und unblutige Schaugefechte vieler Gladiatoren vorgesehen; für morgen der Löwe gegen Verurteilte und als Höhepunkt der Kampf zwischen Pulcher und Divinus auf Leben und Tod . . .

Lebendig ging es bei Marius Corvus zu. Marius, Frau Esther, Lea, Amos, freie Arbeiter, Sklaven und Sklavinnen hatten sich im Atrium des Herrenhauses versammelt.

Marius Corvus erzählte, was er auf Ismenes Fest vorhergesehen hatte. Und er sagte zum Schluss: »Unser Landgut ist erdbebensicher gebaut, doch gegen Asche von oben schützt es nicht. Ich überlasse es jedem von euch, sich anderswo in Sicherheit zu bringen.«

Bevor jemand antwortete, meldete ein Sklave den ehrenwerten Dichter Apollonius und den jungen Herrn Kreon. Marius Corvus hieß sie willkommen.

Apollonius sah verkatert aus. Er war bis zum Schluss auf dem Fest der Ismene geblieben. »Eine traurige Verlobung«, erzählte er. »Du, Marius, hattest die Gesellschaft mit deiner Prophezeiung ganz schön durcheinander gebracht. Mich übrigens auch. Ismene ist wütend auf dich.«

Kreon sagte nichts. Es stand ihm nicht zu, sich in ein Gespräch älterer Männer einzumischen.

Apollonius und Kreon nahmen bei den anderen Platz. Kreon setzte sich neben Lea. Sie drückte seine Hand.

Marius wiederholte, was er vorhergesehen hatte.

»Und was droht uns?«, fragte Kreon.

»Das weiß ich nicht«, antwortete Marius Corvus. »Der Fluch des Judäers lässt mich nur Schlimmes vorhersehen, das anderen droht. Was mich, meine Familie und meine Freunde erwartet, bleibt mir verborgen.«

»Würdest du mit uns weggehen, Vater?«, fragte Amos.

Marius Corvus zuckte die Achseln. »Ich weiß es nicht. Die Asche könnte uns verschonen, aber das ist nicht sicher. Ich werde bleiben, bis ich Gewissheit habe.«

»Wir bleiben bei dir«, sagte Frau Esther.

Lea, Amos, die Angestellten, Sklaven und Sklavinnen stimmten ihr zu.

»Dann bleib auch ich bei euch!«, rief Kreon, erschrak über seine laute Stimme und murmelte: »Verzeihung, ich meine – wenn ich darf.«

Lea drückte seine Hand. »Du darfst«, flüsterte sie.

»Wuff, wuff!«, kläffte Hercules aus einer Ecke heraus.

»Tja«, meinte Apollonius, »den Grünschnabel Kreon darf ich ja wohl nicht ohne väterliche Aufsicht lassen. Wenn ihr gestattet, werde ich mit ihm hier wohnen, bis die Asche vorbei ist. Zum Dank für Verpflegung und Nachtlager mache ich euch in einem Gedicht unsterblich: dich, Freund Marius, deine Gattin, deine Kinder, Kreon und den Hund.« Und er trug vor, was ihm gerade einfiel:

>»Von Göttern erhielt ich in Gnaden
>die Gabe der himmlischen Dichtkunst.
>Da werden sie mich und die Meinen
>doch nicht unter Asche begraben!«

Er nickte den anderen zu. »Die Meinen seid ihr alle. Darauf sollten wir trinken.«

Marius Corvus befahl einem Sklaven Wein zu bringen.

»Keinen Wein, bitte!«, rief der Dichter erschrocken. »Den gab es bei Philippos im Überfluss. Ich bitte um klares Wasser.«

Er bekam es. Die anderen stießen ebenfalls mit Wasser an.

»Der Gutshof ist erdbebensicher gebaut«, wiederholte Marius Corvus. »Gegen die Asche, die ich vom Himmel regnen sah, werde ich die nötigen Vorsichtsmaßnahmen treffen.«

»Welche?«, fragte Frau Esther.

»Dächer und Decken hielten dem Druck der Asche, die ich sah, nicht stand und stürzten ein«, antwortete Marius. »Wir werden Decken und Mauern verstärken, und ich danke jedem, der mir dabei hilft.«

Niemand schloss sich aus, nicht einmal Amos. Dabei wäre er gar zu gern nach Pompeji gelaufen, um die Wagenrennen und die Schaukämpfe der Gladiatoren zu sehen. Diese Gefechte waren unblutig, weil die Kämpfer mit Holzschwertern aufeinander losgingen. Beulen und Platzwunden gab es trotzdem. Auch sie wurden bejubelt und beklatscht.

Vaters Lob wog mehr. »Brav, mein Sohn«, hatte Marius gesagt, als sich Amos zum Mitmachen bereit erklärt hatte.

»Klar, dass wir mitmachen, nicht wahr?«, sagte Amos zu Hercules. Das Hündchen kläffte und wedelte mit dem Hintergestell.

Dann ging es los. Alle vorrätigen Bausteine und alles Bauholz, das für Notfälle bereitlag, wurden verarbeitet, Eisenträger eingezogen und Wände mit Sandsäcken verstärkt. Bäume wurden gefällt, zurechtgeschlagen und – und – und . . .

Das Kommando führte ein Sklave, der gelernter Baumeister war. Alle anderen folgten seinen Anordnungen. Bei der harten Arbeit drückte die Schwüle doppelt und dreifach. Schweiß, stark verdünnter Hauswein und Trinkwasser flossen in Strömen.

Amos füllte Sandsäcke. »Wir halten durch«, sagte er, »nicht wahr, Hercules?«

»Wuff«, bellte das Hündchen und wedelte.

Lea versorgte die Arbeitenden mit Wasser, gewässertem Wein und feuchten Tüchern zum Abkühlen. Dabei richtete sie es so ein, dass sie so oft wie möglich an Kreon vorbeikam. Einmal, als niemand in der Nähe war, gab Kreon ihr einen Kuss, ganz schnell – aber nicht auf die Stirn oder auf die Wange. Er küsste sie auf den Mund!

Beide erschraken und Lea lief weg. Als sie sich umsah, berührte Kreon seine Lippen mit Daumen, Zeige- und Mittelfinger und warf ihr den zweiten Kuss zu. Lea dankte ihm auf die gleiche Weise.

Dann verdrehten sie die Augen nach oben und strahlten über das ganze Gesicht . . .

Stunde um Stunde verrann. Die Schwüle nahm zu. Immer schwerer wurde die Arbeit.

»Den Göttern sei Dank!«, schnaufte der Dichter Apollonius, als es endlich geschafft war.

Dann waren alle so müde, dass sie kaum noch Wasser schlucken konnten. Sie legten sich in den Schatten und dösten ein.

Neben Amos lag Hercules. Er hechelte, als ob er die Hauptarbeit geleistet hätte.

Amos versäumte nichts. In Pompeji erschwerte die Schwüle das Atmen und jede Bewegung erst recht.

Die Pferderennen fielen aus; nicht weil die Wagenlenker unter Atemnot litten, sondern weil die Rosse völlig apathisch waren und nicht einmal auf Peitschenhiebe reagierten.

Die Leute tuschelten, dass der afrikanische Löwe wie betäubt in seinem Käfig liege. Er habe nicht einmal zugebissen, als ihm ein Sklave die Hand in den Rachen legte.

Der Schaukampf der Gladiatoren wurde vorzeitig abgebrochen. Nur wenige Zuschauer waren in das Amphitheater gekommen. Mehr als die Hälfte hatte sich gleich wieder verdrückt, als es hieß, dass während der Vorstellungen kein kostenloser Wein ausgeschenkt würde. Diejenigen, die blieben, waren so gereizt, dass sie die Gladiatoren mit Gejohle und Pfiffen empfingen und das Holzschwertergefecht verspotteten.

Die von der Schwüle ebenso mitgenommenen Kämpfer beschimpften die Zuschauer. Die Vorstellung wurde zum Gerangel zwischen den Gladiatoren und Männern, die in die Arena sprangen, um »den Spielzeugknäblein einzuheizen«. Nach kurzer Zeit taumelten die Angeber mit blutigen Nasen und Beulen an den Köpfen aus der Arena hinaus.

Die wenigen Zuschauer klatschten Beifall.

Das Programm war zu Ende.

Der Ädil ließ das Amphitheater räumen. Seine Männer gingen mit aufmüpfigen Gästen nicht zimperlich um.

»Mo-morgen wird's besser«, stammelte ein Beduselter. »Da – da kommt der Lö-Löwe und da-dann hauen der Di-Divinus und der Pu-Pulcher aufeinander los. Da-da-da – fliegen die Fetzen, sa-sag ich euch, jawohl!«

Die letzten Stunden vorher

Der 23. August war schwül gewesen; am Morgen des 24. lag »Blei in der Luft«, wie der Dichter Apollonius stöhnte. Mit ihm litten die meisten Leute in Pompeji und viele in der Umgebung der Stadt. Nur wenige Reiche, deren raffiniert angelegte Springbrunnen in den Villen auch jetzt noch Kühlung brachten, jammerten nicht.

Die dünne Rauchwolke über dem Krater des Vesuvs war nicht mehr da. Verängstigte schleppten sich in die Tempel und fragten, was dieses Zeichen bedeute.

»Nichts Schlimmes«, versicherten die Priester; und das Orakel der ägyptischen Isis verkündete: »Die gnädige Göttin, die Pompeji in ihren Schutz genommen hat, zeigt, dass sie stärker ist als die Macht der Zerstörung. Sie drückt den Rauch des römischen Feuergottes in dessen unterirdische Schmiede zurück.« Die Ängstlichen gingen erleichtert.

Robuste Männer kamen frühzeitig in das Amphitheater, um gute Plätze für sich, ihre Familien und Freunde zu belegen. Die Hinrichtung eines Verbrechers durch den afrikanischen Löwen und den Kampf des Divinus gegen Pulcher wollten sie von den vorderen Reihen aus genießen. Außerdem hatte der Ädil versprochen das Amphitheater mit parfümiertem Sprühregen berieseln zu lassen. Da war es dort erfrischender als zu Hause ...

»Wenn es so schwül bleibt, werden vielleicht auch die blutigen Spiele ausfallen«, sagte Frau Esther.

Lea und Amos protestierten. »Ich habe noch nie so einen Kampf gesehen«, sagte Lea. »Jetzt möchte ich es. Vater hat Eintrittstäfelchen für uns alle bekommen.«

»Ich möchte es auch sehen!«, rief Amos. »Außerdem kämpfen nicht nur der Verurteilte mit bloßen Fäusten gegen den Löwen und Divinus gegen Pulcher, sondern auch zwanzig unserer Gladiatoren gegeneinander, diesmal mit scharfen Waffen. Das weiß ich von meinem Freund Gaius.«

»Amos!«, tadelte Frau Esther.

»Was hast du denn?«, muckte der Junge auf. »Davon verstehst du nichts.«

Frau Esther sah die Kinder erschrocken an. Lea und Amos waren noch nie so aufmüpfig und heftig gewesen. Es war, als sei ein Dämon in sie gefahren.

»Wie redet ihr zu Mutter!«, rief Marius Corvus zornig und holte zum Schlag aus. Amos duckte sich erschrocken. Vater hatte ihn noch nie geschlagen.

Er schlug auch jetzt nicht zu. »Entschuldige, Amos«, murmelte er. »Die Schwüle muss daran schuld sein, dass wir uns so benehmen.«

Lea und Amos schwiegen.

»Es ist die Schwüle«, sagte Frau Esther. »Böses liegt in der Luft.« Sie fuhr sich mit der Hand über die Stirn. »Vielleicht sollten es die Kinder ansehen«, meinte sie nachdenklich. »Wenn ich mich nicht sehr in ihnen täusche, werden sie das Gemetzel dann genauso verabscheuen wie ich.«

Lea schluckte. »Wenn du willst, Mutter, bleib ich zu Hause«, sagte sie mühsam. »Und wenn ich nicht ins Amphitheater gehe, geht auch Kreon nicht hin, das weiß ich von Apollonius. Allein sollst du nicht hier bleiben, Mutter.«

»Das wird sie nicht«, sagte Marius Corvus. »Ich werde ihr Gesellschaft leisten. Wenn Apollonius bei euch ist, sorg ich mich nicht um euch.«

Esther, Lea und Amos bedankten sich.

Im Stillen hoffte Frau Esther noch immer, dass die blutigen Kämpfe abgesagt würden.

Sie hoffte vergebens.

Die bleierne Schwüle blieb. Nur langsam wurde Pompeji lebendig. Ächzend und schnaufend schoben sich Besucher dem Amphitheater zu. Viele Auswärtige waren gekommen.

Apollonius vermied die Hauptstraße. Mit Kreon, Lea, und Amos ging er durch Seitengassen, in denen weniger Leute unterwegs waren.

In sicherer Entfernung folgte ihnen Hercules. Wenn sich ein Herrchen oder das junge Frauchen umwandten, verschwand er blitzschnell hinter einer Mauerecke, als ob er ahnte, dass seine Begleitung unerwünscht war.

Vom Forum schmetterten Hornstöße herunter.

Da geschah Seltsames. Rauch quoll plötzlich wieder aus

dem Krater des Vesuvs, als ob die Hornstöße den schlafenden Vulcanus geweckt hätten. Der Rauch stieg senkrecht in die Höhe und zerfloss weit oben zu einer Wolke, die der Krone einer riesigen Pinie glich.

Das war am späten Vormittag. Normalerweise wäre das Amphitheater schon besetzt gewesen, doch heute war kein normaler Tag. Die Erdstöße und die bleierne Schwüle hielten Ängstliche und Müde fern. Knapp sechstausend Besucher zählten die Männer, die dem Ädil Bericht erstatteten. Das Amphitheater fasste mehr als doppelt so viele.

Vielleicht kamen sie noch? Bis zum Beginn des Spektakels blieb noch Zeit voll Spannung, Kribbeln und Blutgier.

Dann gab es gellende Pfiffe und wütendes Geschrei. Lange vor dem Beginn der Spiele erschien ein Männchen in der Arena.

Die Pompejaner kannten es. Der Unglückswurm musste immer dann vor die Zuschauer treten, wenn es Pannen zu verkünden gab.

Diesmal war es eine schlimme Panne. »Hochverehrtes Publikum!«, rief das Männchen mit schriller Stimme. »Leider ist uns der afrikanische Löwe entkommen! Wie, weiß niemand! Aber das Programm wird nicht wesentlich geändert!« Das Männchen verbeugte sich und rannte zum Ausgang. Was nach ihm geworfen wurde, traf nicht. Und das Geschimpfe auf den Ädil verklang ungehört. Der hohe Herr war noch nicht anwesend.

Einige Besucher sahen das Verschwinden des Löwen als böses Omen an und verließen das Amphitheater und die Stadt.

Fünfzig Gladiatoren der Stadt Pompeji wohnten und trainierten in der Kaserne nahe dem Tor, durch das die Straße nach Stabiae führte. Die Kaserne lag einen kurzen Fußmarsch vom Amphitheater entfernt. Das war Absicht. Der Gang zum Kampf auf Leben und Tod diente der Schaustellung. Die Pompejaner winkten den Gladiatoren gerne zu und schlossen Wetten auf jene ab, die zurückkehren würden . . .

Am Vormittag des 24. August gab es in der Kaserne kein hektisches Hin und Her wie sonst, obwohl weitere zwanzig einheimische Gladiatoren als Ersatz für den Löwen gegeneinander antreten sollten. Die Schwüle verdarb die Stimmung.

Selbst das Geschimpfe auf die hochnäsigen Römer, die sich in eigenen Kammern für den angeblich größten Schaukampf aller Zeiten zurechtmachten, hielt sich in Grenzen.

»Der Pulcher und der Divinus sollen sich am besten gegenseitig umbringen«, murrte ein pompejanischer Schwertkämpfer. Die anderen stimmten ihm zu.

»Wir sterben für weniger als ein Zehntel von dem, was die römischen Angeber bezahlt kriegen«, maulte ein anderer.

»Ganz abgesehen von den kostbaren Geschenken, die

diese geschniegelten Affen von Verehrerinnen kriegen«, brummte ein dritter.

Das war alles. In der verdammten Schwüle strengte selbst das Schimpfen an.

Auch Divinus und Pulcher waren in der Kaserne. Zwei Stunden vor den Kämpfen in der Arena mussten alle beteiligten Gladiatoren dort anwesend sein, ob sie einfache Kämpfer oder berühmt waren.

So bestimmte es die Vorschrift. Den zweiten Hornstößen vom Forum herunter schloss sich der gemeinsame Marsch zum Amphitheater an.

Als »Meistern des Kampfes« standen Pulcher und Divinus Einzelkammern zu, die »gewöhnlichen Kämpfer« versammelten sich im Gemeinschaftsraum.

Divinus wischte sich den Schweiß von der Stirn. Immer stärker quälte ihn die Schwüle. Unwillig wies er die Helfer hinaus, die ihm Arm- und Beinschienen anlegen wollten. Er schloss die Augen und glaubte die Stimme seines Vaters zu hören. »Reite!«, befahl sie. »Reite sofort!«

»Warum?«, fragte Divinus.

Die Stimme schwieg.

Divinus gehorchte unter innerem Zwang. Er rüstete sich zum Kampf und ging zu seinem Rappen. Niemand beachtete ihn, obwohl er sich keine Mühe gab, sein Weggehen geheim zu halten. Er verließ die Kaserne und ritt zum Amphitheater.

Durch zwei Kammern von Divinus getrennt, bereitete sich Pulcher auf den Kampf seines Lebens vor. Er war sicher, dass er siegen würde. Ohne seinen germanischen Zauber war der Göttliche machtlos.

Pulcher sah auf seinen magisch leuchtenden Zauberstein.

»Na also«, sagte er. »Gegen dich kommt er nicht an.«

»Besuch für dich«, meldete ein bärenstarker Nubier.

»Kannst du nicht anklopfen, du Kalbskopf?«, fuhr Pulcher ihn an.

Der Schwarze stemmte die Fäuste in die Hüften. »Ich bin kein Sklave, sondern ein Freigelassener im Dienste des Lanista«, knurrte er drohend. »Du hast kein Recht, mich zu beleidigen, auch wenn du aus Rom kommst und berühmt bist!«

»Verschwinde«, sagte eine sanfte Frauenstimme und der Koloss stapfte hinaus.

»Ismene?«, fragte Pulcher erstaunt.

»Ich habe schlecht geträumt«, sagte sie. »Jetzt will ich so lange wie möglich bei dir sein. Oder . . .« Sie zögerte.

»Oder?«, fragte der Gladiator.

»Oder es gelingt mir, dich von diesem schrecklichen Kampf abzuhalten«, sagte Ismene. »Komm mit mir. Draußen wartet ein Wagen auf uns, und mein Vater . . .«

Pulcher unterbrach sie. »Sprich nicht weiter. Ich werde kämpfen und siegen. Sieh den leuchtenden Stein!« Ohne dass er es wollte, riss er an dem Kettchen, an dem er den Zauber um den Hals gehängt trug. Das Kettchen zerriss. Der Stein fiel zu Boden und strahlte mattes Licht aus.

»Siehst du nicht, dass es der Schimmer des Todes ist?!«, rief Ismene. Sie fiel dem Verlobten um den Hals und umklammerte ihn mit aller Kraft.

»Sei vernünftig«, bat Pulcher. »Zuerst kommt der Kampf. Für Umarmungen ist nachher Zeit.« Er drängte Ismene von sich. Da knirschte es unter ihren Füßen.

Sie hatte das Amulett zertreten. Die Splitter schimmerten weiter . . .

»Ich verabscheue blutige Spiele«, sagte der Oberpriester der Isis zu seinen Priestern. »Unsere Göttin will keine Menschenopfer, wie sie die Schlächtereien in den Arenen der Römer sind. Trotzdem überlasse ich es euch, daran teilzunehmen. Der Ädil hat mir Eintrittstäfelchen für alle gegeben.«

Niemand meldete sich.

»Ich habe es nicht anders erwartet«, sagte der Oberpriester. »Dafür lade ich euch zum Friedensmahl der Isis ein. Sie hat Pompeji unter ihren Schutz gestellt.« Plötzlich schwankte er und hielt sich mit Mühe an einer Säule fest. Zwei Priester, die ihm zu Hilfe eilten, wies er ab. »Es ist nur die Schwüle«, stöhnte er. »Der römische Vulcanus greift Isis an, aber er wird sie niemals besiegen.«

Er hob die Arme gegen den Vesuv und murmelte Beschwörungen in der heiligen Sprache der Ägypter.

Da brüllte der Berg.

Asche auf Pompeji

Wie von der Faust des Feuergottes gestoßen, flog die gewaltige Steinmasse, die den Krater des Vesuvs lange Zeit verschlossen hatte, unter brüllendem Donner hoch in die Luft. Feuer, Qualm, glühende Steine, brennende Schlacke und heiße Asche schossen hinterher. Eine riesige Staubwolke verbreitete sich in großer Höhe, verdunkelte die Sonne und machte den Tag zur Nacht. Gespenstisch flammten Blitze aus dem Krater zum Himmel hinauf. In weitem Umkreis polterten Steine zur Erde und heiße Asche rieselte zu Boden.

Feurige Lava floss vom Berg herunter. Bäume und Büsche flammten auf, brannten wie Zunder und verglühten. Sturmböen pfiffen dem Meer zu und peitschten die anbrandenden Wogen zurück.

Schreie gellten durch Pompeji, vor den Mauern der Stadt und vom Hafen her. Tiere brüllten in panischer Angst. Fackellicht flammte auf und erlosch im Sturmwind.

Der Ascheregen drückte giftige Gase, die dem Krater entströmten, die Berghänge hinunter . . .

»Lea! Amos!«, schrie Frau Esther, als Steine auf den Gutshof niederprasselten.

Für Marius Corvus gab es kein Überlegen. »Bleibt in den Räumen!«, rief er den anderen zu und eilte ins Freie. Es war fast dunkel geworden. Nur das Feuer aus dem Berg leuchtete durch die rieselnde Asche.

Marius Corvus kam nicht weit. Ein Stein traf ihn mit voller Wucht.

Ein Sklave, der dem Hof zueilte, schleppte den Verletzten ins Haus. Dort brannten Fackeln und Öllampen.

»Lea«, stöhnte Marius Corvus, »Amos!«

Frau Esther versuchte ihn zu beruhigen, obwohl sie selbst verzweifelt war. »Apollonius ist bei den Kindern«, sagte sie. »Er wird sie in Sicherheit bringen.«

Die Steine prasselten weiter nieder, lautlos sank die Asche herab. Giftiges Gas drang durch die Geröll- und Staubschicht, die den Gutshof unter sich begrub.

Steine und dampfende Schlackebrocken krachten auf das Forum, seine Tempel, die Thermen und die umliegenden Paläste nieder. In kurzer Zeit lag das »Herz von Pompeji«, wie das Forum genannt wurde, begraben. Auf die Stätte der Vernichtung fiel vulkanischer Staub vom verdunkelten Himmel. Er bedeckte die Stätte der Zerstörung mit einer mehr als mannshohen Schicht, die keine Luft durchließ und alles Leben erstickte. Dasselbe geschah in ganz Pompeji – auch in der Gladiatorenkaserne – im Großen und Kleinen Theater, in denen sonst Schauspiele aufgeführt worden waren – und im Tempel der Isis . . .

Kurz vor der Katastrophe hatte Divinus die Gladiatorenkaserne verlassen und war zum Amphitheater geritten. Kurz davor schnaubte der Rappe, bäumte sich auf und wollte nicht weiter.

Divinus sah sich um. Als er zum Vesuv hinaufblickte,

zuckte er zusammen. Er sah Flammen in die Rauchsäule zucken, die aus dem Krater des Berges stieg. Dann hörte er drohendes Grollen. Hart, wie er es noch nie getan hatte, trieb er sein Pferd auf das Amphitheater zu.

Fast alle Gladiatoren waren abergläubisch. Warum hätten es die in Pompeji nicht sein sollen?

Ein Afrikaner, der bisher nur mit dem Holzschwert gefochten hatte, behauptete, dass der entflohene Löwe schreckliches Unheil über alle Gladiatoren bringen werde. Welches und wie, verriet er nicht. »Ich habe es geträumt«, sagte er. »Es war so furchtbar, dass ich es nicht aussprechen möchte.« Er spuckte beschwörend hinter sich und kniff die Daumen ein.

Ein anderer meinte: »Leuten, die im Tempel der Isis Schutz suchen, kann der Löwe nichts anhaben, selbst wenn er ein Zaubervieh und von Dämonen nach Pompeji gebracht worden wäre. Isis ist mächtiger als alle bösen Geister zusammen.«

»Na und?«, brummte ein dritter.

»Ich bin heute im Amphitheater nicht dran«, antwortete der Schlaukopf. »Da verdrück ich mich in den Tempel der Isis. Er ist ja nur ein paar Schritte weit entfernt. Der Oberpriester hat versprochen, dass seine Göttin die Pompejaner beschützt; wahrscheinlich am meisten jene, die in ihrem Tempel Zuflucht suchen. Ich werde ihr ein Opfer bringen, damit sie auf mich aufmerksam wird.«

Die anderen, die ebenfalls nicht in die Arena mussten,

steckten die Köpfe zusammen. Dann sagte einer: »Wir gehen mit.«

Sie kamen nicht sehr weit, der Berg war schneller als sie . . .

In Pulchers Kammer hatte Ismene das Amulett ihres Verlobten zertreten. Die Splitter schimmerten auf dem festgestampften Lehmboden.

»Flieh mit mir!«, drängte Ismene.

Pulcher schüttelte den Kopf. »Zuerst kommt der Kampf. Er ist keine Gefahr für mich. Divinus kämpft ohne seinen Zauber und die Splitter meines Zaubers leuchten weiter. Das bedeutet Glück. Nach meinem Sieg wirst du den besten Gladiator des Imperiums zum Gatten haben.«

Brüllender Donner und ein barbarischer Erdstoß warfen Ismene in seine Arme.

So starben sie . . .

Im Tempel der Isis unterlagen der Oberpriester und die Priester der ägyptischen Schutzgöttin dem Zorn des Vulcanus. Steine und Asche begruben auch sie.

Der Dichter Apollonius, Kreon, Lea und Amos hatten auf weniger verstopften Gassen das Amphitheater erreicht. Das Hündchen Hercules war ihnen gefolgt.

Apollonius wischte sich den Schweiß von der Stirn. »Sollten wir nicht zu Marius Corvus zurückkehren?«, meinte er. »Unheil liegt in der Luft.«

»Nein«, schnaufte Amos. »Jetzt sind wir schon einmal da.«

Sie standen vor dem Amphitheater. Die Leute drängten sich an den Eingängen, obwohl noch Zeit bis zum Beginn der Spiele blieb. Apollonius, Kreon, Lea und Amos waren gemütlich gegangen. Ihre Plätze waren reserviert. Und da war Hercules.

Dicht vor dem Eingang sprang er an Amos hoch und kläffte aufgeregt.

»Wie kommst denn du daher?«, fragte Apollonius.

Das Hündchen bellte wie verrückt.

»Der Berg speit Feuer!«, schrie jemand in der Nähe.

Der Aufschrei der Menge ging im Brüllen des Vesuvs unter. Eine gewaltige flammende Masse schoss aus dem Krater.

In heilloser Panik drängten die Leute nach allen Seiten. Aus den Toren des Amphitheaters stießen und boxten sie sich heraus, andere versuchten sich den Weg zur Hauptstraße freizukämpfen. Die nackte Gewalt regierte. Starke schlugen auf Schwächere ein, Stöhnende brachen zusammen.

Steine und Asche verdunkelten die Sonne. Das Donnern des Berges und das Heulen der Windstöße vermischten sich zu urweltlichem Getöse. In gespenstischem Rot leuchtete das Feuer, das aus dem Krater schoss. Die ersten Steine prasselten nieder.

»Wir halten uns aneinander fest!«, schrie Apollonius, so laut er konnte. Kreon, Lea und Amos taten es sowieso. Mit den freien Händen schoben und stießen sie andere Leute zur Seite. Kreons Kraft half ihnen.

Apollonius drängte dem Sarnus-Tor zu. Es war das nächste, das aus der Stadt führte. Vielleicht gab es Hilfe am Fluss. Warum er das hoffte, wusste Apollonius selbst nicht.

Kurz vor der Stadtmauer war es zu Ende. Die Straße des Überflusses, die am Sarnus-Tor endete, war heillos verstopft. Schieben und Stoßen halfen nicht weiter, Schreien und Fluchen erst recht nicht.

Lea rief alle Götter an, die ihr einfielen, sogar den Gott der Hebräer, an den Mutter Esther glaubte.

Apollonius, Kreon, Lea und Amos versuchten ihre Köpfe zu schützen. Sie bissen die Zähne zusammen, wenn heiße Steine auf ihre Hände fielen, und dankten den Himmlischen, dass es keine großen Brocken waren. Einige schlugen in der Nähe ein und trafen tödlich.

Brände brachen aus und erstickten im Ascheregen. Die Hitze nahm zu.

Ein Stein traf Lea in den Rücken. Kreon fing sie auf. »Beisammenbleiben!«, schrie Apollonius.

»Ich hab dich lieb, Lea«, sagte Kreon. Sie verstand ihn, obwohl das Getöse um sie herum immer stärker wurde. Sie lächelte ihm zu. Kreon trug sie in seinen Armen. Jetzt spürte er die Steine, die ihn trafen, nicht mehr.

»Hercules!«, schrie Amos plötzlich. »Hercules, wo bist du?« Im ersten Schreck hatte er das Hündchen völlig vergessen. »Herculeees!!«

Da kam Divinus. Auch er wollte durch das Sarnus-Tor aus Pompeji hinaus. Zum Schutz vor dem Stein- und

Ascheregen hatte er den Helm aufgesetzt, das Visier geschlossen und hielt den Schild über den Kopf. Mit hartem Schenkeldruck trieb er seinen Rappen vorwärts. Das schnaubende Ross drängte ihm den Weg frei.

War es Zufall oder die Hilfe gnädiger Götter, dass grelle Blitze aus dem Krater gerade jetzt den Ascheschleier durchdrangen? Der Gladiator Divinus sah Lea und Kreon dicht vor sich – und erkannte sie.

»Hee!«, schrie er in das Toben des Berges, beugte sich nieder und packte zu. So, wie er es schon einmal getan hatte, riss er Lea vor sich auf den Rappen. Diesmal wehrte Kreon ihn nicht ab. Er sprang hinterher und klammerte sich an den Rücken des Gladiators.

Apollonius war ebenso schnell. Mit der linken Hand packte er den Pferdeschweif, mit der rechten zerrte er Amos hinter sich her.

Der Rappe stieß ihnen den Weg frei. Divinus, Lea, Kreon, Apollonius und Amos kamen zerschunden, aber lebendig durch das Tor.

»Wuff, wuff!«, bellte das Hündchen Hercules. Es hatte sich unter den Bauch des Rappen gerettet und war darunter ins Freie gekommen. Sein Gebell hörte niemand.

»Hercules!«, rief Amos, als das Hündchen an ihm hochsprang. »Hercules, Herculeschen, Herculeslein!« Trotz des Lärms, der um ihn tobte, schloss der kleine Hund die Augen. Amos hatte ihn in die Arme genommen und streichelte ihn.

Am Sarnusfluss war das Gedränge ebenso beängstigend

wie in der Stadt. Schiffe, die am Flusshafen angelegt hatten, wurden gestürmt und kenterten.

Wie gut, dass es Divinus gab. Er erkannte, dass der Wind den Ascheregen nach Westen wehte, und trieb den Rappen am linken Sarnusufer nordostwärts. »Nehmt euch zusammen, wenn ihr überleben wollt!«, rief er Lea, Kreon, Apollonius und Amos zu. »Mein Rappe trägt drei, wie ihr seht!«

»Und unser Vater und unsere Mutter?«, rief Lea zurück.

»Um sie kümmern wir uns später!«, schrie Divinus.

»Jetzt können wir nur uns, aber nicht ihnen helfen! Wer reitet und wer geht jetzt?«

»Lea reitet!«, schrie Kreon in den Lärm. »Ich geh nebenher. Für mich reitet Amos!«

Der Junge wehrte sich und wurde überstimmt. So ritt Divinus mit Lea und Amos, der den kleinen Hercules im Arm hielt, am Ufer des Sarnus nordostwärts.

Apollonius und Kreon gingen zu Fuß. Das fiel besonders dem Dichter schwer, weil er Wandern im Ascheregen noch nie erlebt hatte. Und er schwor, den gnädigen Göttern ein sehr langes Lobgedicht zu schreiben, wenn sie ihn und seine Freunde heil dem Inferno entkommen ließen.

»Ich verspreche hundert – nein, zweihundert Verse«, gelobte er. Bevor er weitere versprechen konnte, traf ihn ein Stein auf den Kopf.

Lea trat dem halb Ohnmächtigen ihren Platz auf dem Rappen ab. Kreon freute sich darüber.

Immer wieder wurden Fackeln entzündet. Der Sturmwind und die Asche erstickten die meisten nach kurzer Zeit. Im Osten und Nordosten war es etwas heller. Dort fiel die Asche nicht so dicht.

Viele Leute schleppten sich dort hin. Der Marsch wurde beschwerlich. Immer stärker erschwerte die Asche das Atmen. Tücher vor Mund und Nase halfen kaum. Sie hielten nicht nur den vulkanischen Staub, sondern auch die Atemluft ab.

Wiehernd und schnaubend drängte der Rappe nach vorn. Die Leute, die er beiseite stieß, schimpften und drohten . . .

Endlich fiel die Asche spärlicher, wurde zu dünnem Nebel – und blieb zurück. Der Sturm ließ nach.

Wie lange der Marsch gedauert hatte, wussten die Geretteten nicht, das Gefühl für die Zeit war ihnen verloren gegangen. Sie mussten stundenlang unterwegs gewesen sein, denn jetzt war es Nacht. Sterne leuchteten am Himmel.

Lagerfeuer brannten.

Kaum jemand brach in Jubel aus. Die meisten warfen sich zu Boden und atmeten gierig die schwüle, doch saubere Luft ein. Der Gladiator Divinus ließ den Schild fallen, riss den Helm vom Kopf und die Panzerschienen ab. Jetzt brauchte er sie nicht mehr und in der Schwüle waren sie doppelt lästig. In Helm und Schild hatten die Steine des Vulcanus Beulen geschlagen. Divinus beachtete sie nicht. Der Rappe blutete aus Schlag- und Schürfwunden. Divinus führte ihn zum Fluss und kühlte die Verletzungen mit Wasser. Mehr konnte er jetzt nicht tun. Behutsam streichelte er den Hals des Tieres. Es schnaubte und rieb den Kopf an der Schulter des Gladiators.

Lea umarmte Kreon und küsste ihn auf die rußgeschwärzte Stirn.

»Mahlzeit«, spöttelte Apollonius gutmütig. Er hatte den Schlag überstanden und seinen Humor zurückgewonnen. Amos streichelte Hercules.

Im Westen fiel weiterhin Asche und erstickte das Leben.

An diesem Tag starb auch die Stadt Herculaneum; allerdings nicht unter tödlicher Asche, sondern in kochendem Schlamm . . .

»Ob Vater, Mutter und – die anderen – durchgekommen sind?«, fragte Amos stockend.

»Wenn sich der Berg beruhigt hat, sehen wir nach ihnen«, versprach der Gladiator Divinus.

In der Nähe rief eine Stimme in eigentümlichem Singsang:

»Wir danken dir, Herr Jesu,

für die Rettung aus Tod und Verderben!«

Männer-, Frauen- und Kinderstimmen antworteten:

»Wir danken dir!«

Der Vorbeter oder Vorsänger fuhr fort:

»Wir danken dir für deine Barmherzigkeit!«

»Wir danken dir!«,

wiederholte der Chor.

Der Vorbeter hob die Stimme:

»Wir bitten dich, Herr Jesu, um Gnade

für Gerechte und Ungerechte,

die in diesen Stunden aus dem Leben scheiden!«

»Wir bitten dich!«,

beteten die anderen.

»Amen«, sagter dann alle.

»Eine Sekte aus dem Land der Judäer«, erklärte Divinus. »Sie nennen sich Christen, beten einen gekreuzigten Gott an und predigen Feindesliebe.« Er tippte sich an die Stirn und schüttelte den Kopf.

Ein neuer Stoß ließ die Erde zittern und aus dem Krater des Vulkans schossen himmelhohe Feuerstrahlen. »Vulcanus ist noch lange nicht am Ende«, brummte Divinus, schielte zu dem Christenhäuflein hinüber und zuckte die Achseln.

Bis zum Morgen des 28. August warf der Vesuv Asche auf Pompeji und das Land im Umkreis von fast zwölf Meilen (etwa 18 km). Dann waren die Trümmer der Stadt und der Siedlungen vor den Mauern unter einer mehr als vier Meter hohen Schicht aus vulkanischem Gestein, Lava, Schlacke und Asche begraben. Die Stadt Herculaneum lag unter einem 15 bis 18 Meter dicken Schlammpanzer. Mehr als zweitausend Pompejaner waren umgekommen, dazu Männer, Frauen und Kinder, die vor den Stadtmauern gewohnt hatten. Unter den Opfern waren Marius Corvus, Frau Esther und alle anderen Leute im Gutshof. Die abgestützten Decken und Mauern hatten der Wut des Vulcanus nicht standgehalten. Umgekommen waren auch der Wirt Euxinus, den der Tod beim Wässern des Weines überraschte; der Gladiator Pulcher in der Umarmung mit seiner Verlobten Ismene; die Gladiatoren in der Kaserne und jene, die fliehen wollten; der Ädil und seine Gemahlin auf dem Weg zum Amphitheater; die Isispriester beim festlichen Mahl . . .

Gleich nachdem der Ascheregen aufgehört hatte, kehrten Flüchtlinge nach Pompeji zurück, um Wertvolles zu bergen, das sie in kopfloser Panik zurückgelassen hatten. Sie gaben bald auf. Nachrutschende Asche drohte auch sie zu verschütten und die heißen Steine waren mit dem vulkanischen Staub zu Panzern zusammengeschmolzen, die den Spitzhacken trotzten . . .

Kaiser Titus, an dessen Festtag die Katastrophe ausgebrochen war, befahl Hilfe. Obdachlose sollten in den Städten Neapolis, Surrentum und Nola untergebracht werden, ruinierte Bauern die Weingärten und Felder jener Opfer erhalten, die keine Erben hinterließen.

Christen und Juden schloss der Kaiser von seiner Gnade aus. Die Christen, weil sie die Katastrophe von Pompeji als Strafe für die Kreuzigung Jesu durch die Römer ansahen; die Juden, weil sie den Vulkanausbruch als Rache ihres Gottes für die Zerstörung des Tempels in Jerusalem betrachteten und Titus dafür verantwortlich machten.

Neue Heimat

Divinus, Apollonius, Kreon, Lea, Amos und Hercules waren dem Verderben entkommen. Notdürftig verbanden sie ihre Schrammen. Nachdem sich der Sturm gelegt und der Ascheregen aufgehört hatte, kehrten sie zum Gutshof des Marius Corvus zurück und fanden ihn nicht mehr. Alle Gebäude und das weite Umland lagen unter Schutt und Asche begraben.

Lea und Amos bemühten sich tapfer zu sein. Sie unterdrückten die Tränen und hörten dem Gebet zu, das der Dichter Apollonius sprach.

Dann sahen sie vom Hang auf Pompeji hinunter – oder besser dorthin, wo Pompeji gewesen war. Die Stadt war verschüttet. An einigen Stellen stiegen schwache Rauchsäulen auf. Sie schwelten nicht aus zerstörten Gebäuden, sondern aus noch warmer Schlacke, die der Berg ausgeworfen hatte.

Apollonius wies auf das Nordostende des riesigen Grabes. »Dort standen das Amphitheater und die Schänke meines Bruders Euxinus«, sagte er leise. »Mögen die Götter ihm gnädig sein.«

»Auch dem Pulcher«, sagte Divinus. »Er war mein Freund. Ich nehme an, dass er in der Gladiatorenkaserne umgekommen ist. Wenn nicht, sollen ihm gute Mächte weiterhelfen.«

Lea zeigte auf die Stelle, unter der der Gutshof verschüttet lag. »Ob sie nicht doch davongekommen sind?«, fragte sie mühsam. »Ich meine – wenigstens einige?«

»Vater vielleicht – und Mutter«, stotterte Amos.

»Oder Euxinus«, murmelte Apollonius. Plötzlich hoffte er wieder.

Divinius schlug vor, zwei oder drei Tage zu bleiben und nach den Verschollenen zu suchen.

Die anderen waren sofort einverstanden.

Divinus fand ein Bauernhaus, in dem sie unterkamen. Es lag am Rande der Aschezone und war nur wenig beschädigt. Für zwei Goldstücke des Gladiators waren die Bauersleute bereit die Fremden aufzunehmen und zu verpflegen. Wie gut, dass Divinus immer einige Gold-, Silber- und Kupfermünzen in den Taschen seines Leibgurtes bei sich trug . . .

Der Gladiator, der Dichter, Kreon, Lea, Amos und Hercules suchten drei, vier und fünf Tage lang. Sie trafen Bekannte, die der Katastrophe entkommen waren und ebenfalls suchten. Ihre Angehörigen fanden sie nicht.

Divinus sprach aus, was alle dachten: »Behalten wir sie in guter Erinnerung.«

»Und wohin sollen wir gehen?«, fragte Lea.

»Du gehst mit mir«, sagte Kreon. »Amos, Hercules und Apollonius nehmen wir mit. Divinus kommt sicher allein durch.«

»Und wohin?«, fragte Lea noch einmal.

»Nach Rom«, antwortete der Gladiator für den griechischen Jungen. »Was ich erkämpft und geschenkt bekommen habe, reicht zehn bis zwölf Jahre lang für ein sorgenfreies Leben. In Rom besitze ich eine Villa. Dort seid ihr fürs Erste meine Gäste. Mit der Zeit wird sich auch für euch etwas finden.«

»Warum hilfst du uns jetzt noch weiter?«, fragte Apollonius.

»Soll ich eine halbe Sache tun, Dichtersmann?«, fragte der Gladiator dagegen. »Ich habe euch aus Pompeji herausgebracht. Da werde ich mich wohl auch darum kümmern müssen, dass ihr weiterhin überlebt. So ähnlich hörte ich es vor langer Zeit von meinem Vater. Er sagte: ›Wenn du jemandem hilfst, hilf ihm nicht halb, sondern ganz.‹ Damals verstand ich ihn nicht, heute versteh ich ihn.«

»Du bist ein guter Mensch«, sagte Apollonius, blickte zum Himmel hinauf und versprach: »Zum Dank, gnädige Götter, werde ich euch keine zweihundert, sondern dreihundert Verse schreiben, nein . . .«

Divinus fiel ihm ins Wort. »Verehrter Dichtersmann«, sagte er, »ein Gedicht wird nicht besser, wenn es immer länger wird. Schreib den Göttern zwanzig oder dreißig Verse. Statt der übrigen spende, wenn du zu Geld kommst, einige Sesterzen armen Leuten, die Almosen nötiger brauchen als die Götter dein Lob.«

Apollonius schluckte. Er wusste nicht recht, ob er beleidigt sein sollte.

Kreon merkte den Unmut des Dichters und sagte rasch: »Vielleicht kannst du uns brauchen, Divinus. Ich könnte dir Sandalen machen und deine Stiefel flicken. Ich habe Sandalenmachen gelernt.«

»Wuff, wuff!«, bellte Hercules, weil Kreon so aufgeregt redete.

Der Gladiator winkte ab. »Schon gut, fahren wir erst mal nach Rom.«

Für gute Worte und noch besseres Geld mietete er von den Bauersleuten einen Wagen, zwei Maultiere und den ältesten Sohn der Familie als Fuhrmann für die Reise.

Am frühen Morgen brachen sie auf. Divinus ritt auf seinem Rappen voraus. Hinter ihm fuhr der Wagen. Der Bauernsohn lenkte die Maultiere. Auf der Ladefläche, auf der sonst Ferkel transportiert worden waren, saßen Apollonius, Lea, Kreon, Amos und Hercules.

Kreon und Lea hielten einander an den Händen. Amos hatte Hercules auf den Schoß genommen und streichelte ihn. Das Hündchen schnurrte wie ein Kater.

»Schäm dich, Hercules«, brummte Apollonius. »Du bist doch ein Hund!« Hercules schnurrte weiter ...

Die Reise dauerte lange. Stellenweise war die Küstenstraße verstopft. Zu viele Obdachlose aus Pompeji und dem verwüsteten Umland suchten Hilfe in der Hauptstadt. Dort residierte der Kaiser, wenn er sich nicht in seinem Landsitz erholte. Jetzt, hieß es, sei er in Rom, um den Bedürftigen zu helfen. Je näher wir ihm sind, desto schneller hilft er uns, dachten die Hungerleider und wurden enttäuscht.

Kurz vor Rom wurden sie von Legionären abgefangen

und in Zeltlager vor den Stadtmauern eingewiesen. »In Rom ist kein Platz für euch«, erklärte ein Decurio, »aber der Kaiser wird euch bald helfen.«

Auf die kaiserliche Hilfe warteten viele, die im Süden geblieben waren und in den Zelten vor Rom kampierten, vergebens. Die von Titus befohlene Unterstützung erreichte knapp die Hälfte der Bedürftigen. Das andere steckten kaiserliche Beamte ein, die das Geld an die »Vesuvgeschädigten« weitergeben sollten . . .

Kurz vor der Sperre setzte Divinus seinen jetzt mit geknickten Pfauenfedern verzierten Helm auf und hob die Hand zum Gruß. »Ave, Decurio«, sagte er zu dem Kommandanten der Legionäre. »Wie du siehst, bin ich Divinus, der beste aller Gladiatoren. Ich besitze eine Villa in Rom und komme mit einem berühmten Dichter, zwei verliebten jungen Leuten, einem aufgeweckten Knaben mit einem gescheiten Hund, einem Fuhrmann und zwei Maultieren, die den Wagen ziehen.«

»Ich kenne dich«, antwortete der Decurio. »Es ist mir eine Ehre, dem Göttlichen und seinen Freunden die Straße freizugeben. – Weiterfahrt genehmigt!« Das galt den Legionären. Sie traten zur Seite.

»Danke, Freund«, sagte Divinus, beugte sich nieder und reichte dem Decurio ein Goldstück. Dabei stellte er sich absichtlich so ungeschickt an, dass ihm einige Silber- und Kupferstücke aus dem Leibgurt fielen. »Nimm sie für deine Legionäre, Decurio«, sagte er freundlich.

Der Decurio nickte. Die Legionäre sahen das Nicken als

Erlaubnis an, sich bedienen zu dürfen. Hastig sammelten sie die Münzen auf. So schlüpften hinter Divinus und seinen Freunden einige weitere Pompejaner nach Rom hinein.

Die Villa, die der verstorbene Senator dem Gladiator Divinus vererbt hatte, lag nahe dem Tempel der Vesta in einem kleinen, von einer Mauer eingefriedeten Park.

Divinus sprang nicht vom Pferd. Er klopfte mit dem Fuß an das Parktor. Es wurde geöffnet. Ein riesiger Schwarzer erschien. Er trug einen ledernen Brustpanzer und Arm- und Beinschienen. Abwehrend hielt er seinen Speer quer vor sich.

»He, Sahab!«, rief Divinus. »Willst du mich und meine Freunde nicht einlassen?«

»Willkommen«, sagte der Schwarze und zog die Waffe ein. Er strahlte über das ganze Gesicht. »Wie schön, dass dich Pulcher nicht erschlagen hat«, meinte er treuherzig.

»Es gab keinen Kampf, erklärte ihm Divinus. »Und aus Pompeji bin ich, wie du siehst, ebenfalls lebendig herausgekommen.« Er beugte sich vom Pferd nieder und schüttelte dem Schwarzen die Hand. Dann ritt er zur Villa. Die anderen folgten ihm.

Auf den Ruf des Torwächters liefen zwei Männer und drei Frauen aus dem Hause und begrüßten den Gladiator ebenfalls.

»Dass Sklaven so ehrlich freundlich zu ihrem Herrn

sind, hab ich noch nie erlebt«, murmelte der Bauernbursche auf dem Maultierkarren.

»Ich nur selten«, sagte der Dichter Apollonius.

Divinus hatte es gehört. »Ich halte keine Sklaven«, erklärte er ruhig. »In meinem Haus leben freie Menschen. Ich bezahle sie für ihre Arbeit und demütige sie nicht. Der Torwächter war Gladiator.«

Die Leute aus der Villa klatschten ihm Beifall.

Apollonius, Kreon, Lea und Amos stiegen vom Wagen. Hercules sprang hinterher.

»Die Nacht über bleibst du hier«, sagte Divinus zu dem Bauernburschen. »Morgen früh bekommst du deinen Lohn und darfst zurückfahren.«

Dann wandte er sich an Apollonius, Lea, Kreon und Amos: »Mein Haus ist euer Haus. Seid willkommen in der neuen Heimat.«

»Wuff!«, bellte Hercules, hob das Hinterbein und markierte den Stamm eines Feigenbaums.

Die Rückkehr des berühmten Gladiators nach Rom sprach sich in Windeseile herum. Divinus wurde vom Kaiser in Audienz empfangen und von Verehrern und Freunden in ihre Paläste eingeladen.

Dem Dichter Apollonius, Lea, Kreon und Amos ließ er es an nichts fehlen. Das Hündchen Hercules wurde der Liebling aller, die in der Villa wohnten. Amos musste Acht geben, dass sich der Liebling nicht überfraß.

Apollonius, der Rom von früher her kannte, führte Kreon, Lea und Amos durch die Stadt. Sie bewunderten das

Kapitol, die Tempel, die Paläste und das fast fertige riesige Amphitheater, das Kaiser Titus im nächsten Jahr mit hundert Spieltagen nacheinander eröffnen wollte. Sie sahen auch die weniger schönen Stadtviertel, in denen arme Leute in mehrstöckigen Mietshäusern wohnten.

Sie hörten Sprachen, die sie nie vorher gehört hatten. »Rom ist eine Weltstadt«, erklärte Apollonius. »Hier kommen Leute von überall her zusammen.« Er hielt die Hand ans Ohr und hörte zwei Männern zu, die soeben vorbeigingen. Sie redeten in eigenartigen Lauten.

»Das ist doch keine Sprache«, meinte Amos.

»Sie kommen aus dem Fernen Osten«, erklärte der Dichter, »von dorther, wo der Pfeffer wächst.«

»Pfeffer?«, fragte Amos.

»Das scharfe Gewürz, das auf der Zunge und in der Kehle brennt«, erklärte ihm Apollonius. »Legionäre und Händler haben es auch zu uns gebracht. Reiche Leute zahlen viel Geld dafür.«

Sie sahen Zauberkünstler, die auf Plätzen und in Gassen ihre Kunststücke zeigten; Tänzerinnen und Tänzer in schäbigen Kostümen; kraftlose Ringkämpfer; und sie hörten Straßenmusikanten zu. »Arme Leute, die in der Weltstadt Rom ein Zipfelchen vom Glück fassen möchten«, sagte Apollonius.

»Ich würde dir gern ein Sträußchen abkaufen«, sagte Amos zu einem Mädchen, das Blumen anbot, »aber ich hab kein Geld.«

Apollonius schenkte der Kleinen eine Kupfermünze.

»Jetzt sind wir schon drei Wochen lang in Rom und tun noch immer nichts«, murrte Kreon. »Ich möchte nicht länger nur Gast sein, ich will arbeiten.«

Lea nickte ihm zu. »Ich auch.«

»Wir müssen Geduld haben«, sagte der Dichter. »Arbeit suchen hier viele. Ich habe schon mehrere Male meine Gedichte angeboten.«

»Und?«, fragte Amos.

Apollonius zuckte die Achseln . . .

Drei Tage später gab Divinus seinen Freunden und Gönnern im Park seiner Villa ein Fest. Er hatte Diener und Dienerinnen gemietet und an Prunk und Köstlichkeiten nicht gespart.

Zweihundert Vornehme waren gekommen. Auch Kaiser Titus gab dem berühmten Gladiator die Ehre, allerdings nicht persönlich. Er hatte seinen Neffen geschickt, den er schon nach Pompeji gesandt hatte.

»Musiker, Tänzer und Tänzerinnen würzten das üppige Mahl«, lobte ein Besucher hinterher.

Divinus stellte seine neuen Freunde vor: den »berühmten Dichter Apollonius«, den »Sandalenmachermeister Kreon«, dessen »liebliche Verlobte Lea«, den »hoffnungsvollen Knaben Amos« und Hercules, den »klügsten aller Hunde«.

Die Gäste begrüßten die Neuen mit Beifall.

Der Wettergott meinte es gut und das Fest dauerte bis in den Morgen hinein. Lea, Amos und Hercules waren vor

Mitternacht schlafen gegangen. Apollonius und Kreon hielten mit Divinus durch. »Das Gelage muss sehr viel gekostet haben«, meinte Kreon, als der letzte Gast verabschiedet war.

Divinus lachte beduselt. »Allerdings – aber ich kann es mir leisten. Für die nächsten zehn – elf – oder auch zwölf Jahre hab ich genug für ein – feines Leben.«

»Und dann?«, fragte Apollonius. »Du bist erst dreißig Jahre alt.« – »Einunddreißig«, verbesserte Divinus.

»Zwölf Jahre sind schnell vorbei«, sagte Apollonius.

Divinus winkte ab. »Dann leb ich vielleicht – nicht mehr. Um die vierzig herum sterben viele – in Rom.« Er sah den Dichter vorwurfsvoll an. »Was willst du denn? – Haben dir die – die Wachteln und der Wein nicht geschmeckt?«

»Doch, doch«, versicherte Apollonius.

»Wir möchten dir nicht länger zur Last fallen«, sagte Kreon, »wir wollen arbeiten.«

Divinus tippte ihn an die Stirn. »Bin ich besoffen, Bürschlein, – oder seid ihr es? – Geht schlafen. Wir reden weiter, wenn ihr – nüchtern seid.« Er rief nach Sahab. Der Schwarze eilte herbei, hakte ihn unter und führte ihn weg.

»Oh Götter, erbarmet euch seiner
und lasst ihn mit vierzig nicht sterben«,

seufzte der Dichter Apollonius und kniff die Daumen ein.

Stiefel des Hercules

Die Weltstadt Rom zeigte sich unbarmherzig. Vergeblich sprach Kreon bei Schuh- und Sandalenmachern um Arbeit vor. Die Meister beschäftigten lieber Sklaven, die sie antreiben, verprügeln und – wenn sie klapprig geworden waren – verkaufen oder auf die Straße werfen konnten.

Apollonius konnte seine Dichtkunst kaum noch verwerten. Er war aus der Mode gekommen. Die neuen Dichter achteten nicht mehr auf saubere Verse und schrieben Worte, für die sie früher als verdorben gegolten hätten.

Lea und Amos hatten Heimweh nach Pompeji, auch wenn sie es nicht eingestanden.

Sie waren Divinus sehr dankbar, doch wollten sie nicht länger nur von seiner Hilfe leben. Apollonius sagte es dem Gladiator während eines Spaziergangs im Park: »Wir danken dir, doch wir sind keine Schmarotzer.«

»Unsinn«, brummte Divinus. »Wollt ihr weggehen?« Dazu lachte er, als ob er einen Witz gemacht hätte.

»Ja«, antwortete Apollonius, »dir und uns zuliebe. Eines Tages würden wir einander nicht mehr ausstehen können.«

»Halt 's Maul!«, fuhr ihn Divinus in der harten Sprache der Gladiatoren an. »Ich bin euer Freund, verdammt noch mal!«

Da sauste Hercules heran, legte etwas Zerzaustes vor die

Füße des Dichters, kläffte und wedelte mit dem ganzen Körper.

»Caligae!«, rief Apollonius und schlug die Hände zusammen. »Das ist die Lösung!« Er kraulte das Hündchen unter dem Kinn und reimte begeistert:

»Oh Hercules, Liebling des Amos,
hab Dank für den römischen Stiefel,
den du zerrissen gebracht hast!«

Die Beute des Hercules war ein Schuh, wie ihn einfache Legionäre trugen. »Stiefel« hießen solche Schuhe bei der Armee. Der Stiefel, den Hercules präsentierte, hatte längst ausgedient. Die Lederriemen, die sonst Fuß und Fußgelenk umschlossen hielten, waren zerrissen, die Nägel in der Sohle abgelaufen.

»Du bist ein seltsamer Dichter«, sagte Divinus. »Wie kannst du dich an einer zerlatschten Sandale begeistern!«

Apollonius hob den Finger. »Es ist eine Legionärssandale«, erklärte er bedeutungsvoll. »Na und?«, fragte Divinus.

»Kreon ist Sandalenmacher«, antwortete Apollonius, »und Caligae werden immer gebraucht. Wenn Kreon für das römische Heer arbeiten dürfte!« Aufgeregt packte der Dichter den Gladiator am Arm. »Er braucht nur einen einflussreichen Mann, der am kaiserlichen Hof oder bei einem Heerführer für ihn spricht! Dann könnte er

Mitarbeiter einstellen, Caligae in großen Mengen machen und machen lassen und wäre sein Leben lang versorgt.«

Divinus pfiff durch die Zähne. »Jetzt versteh ich dich. Entschuldige, dass ich dich für verrückt gehalten habe. Mit dem einflussreichen Mann meinst du wohl mich.«

Apollonius nickte. »Du hast es erraten.«

»Wir müssen es mit Kreon besprechen«, sagte Divinus.

»Wuff, wuff, wuff!«, kläffte Hercules.

Diesmal streichelte ihn der Gladiator. »Du bist ein kluges Kerlchen«, lobte er so sanft, wie er konnte. Das Hündchen verdrehte die Augen und wedelte . . .

Kreon war einverstanden und kurze Zeit später klappte es. Der kaiserliche Neffe, der Pompeji so fluchtartig verlassen hatte, setzte sich für den jungen Sandalenmacher ein. Dazu hatten ihn weniger die guten Worte des Divinus bewogen als vielmehr die Goldstücke, die ihm der Gladiator zugesteckt hatte.

Kreon erhielt den Auftrag, fünf Paar Caligae als Probestücke anzufertigen und einem der Beamten vorzulegen, die für die Ausrüstung der Legionäre zuständig waren.

Kreon und Lea jubelten.

Apollonius dämpfte ihre Vorfreude. »Langsam, langsam«, warnte er. »Zuerst müssen die Caligae gefallen.«

»Das werden sie«, versicherte Kreon überzeugt.

»Und wenn du dann einen großen Auftrag bekommst?«, fragte Apollonius.

»Dann freu ich mich«, sagte Kreon.

Lea legte ihm den Arm um die Hüfte. »Und ich freu mich mit dir«, sagte sie herzlich.

Apollonius sprach weiter: »Woher nimmst du das Geld für eine Werkstätte und wo soll sie stehen?«

Kreon schwieg. Lea war dem Weinen nahe.

»Am Geld soll's nicht liegen«, sagte Divinus. »Ich habe genug für zwölf Jahre. Du, Apollonius, meintest allerdings, dass die Zeit schnell vorübergehe. Das hab ich überlegt. Vielleicht leb ich noch zwanzig und länger. Da ist es besser, wenn ich mein Geld bei Kreon anlege. Ich bin überzeugt, dass er bald Gewinn machen wird. Wenn er einverstanden ist, werde ich mich um eine Werkstätte kümmern, um Werkzeuge, Leder, Nägel und was sonst noch dazugehört. Außerdem beschaffe ich Abnehmer. Ich habe Freunde unter hohen Beamten und Offizieren. Auf einen allein sollte sich kein Geschäftsmann verlassen.« Er nickte Kreon zu. »Du beteiligst mich dafür am Gewinn. Ich hoffe, dass ich nicht nur mein Geld zurückbekommen werde, sondern mit der Zeit so viel Gewinn, dass es für zwanzig und mehr Jahre reicht.« Er hielt Kreon die Hand hin. »Schlag ein, Partner.«

Kreon glaubte zu träumen. Er zitterte beim Handschlag. Lea fiel Divinus um den Hals. Diesmal hatte Kreon nichts dagegen.

»Danke, Freund«, sagte der Dichter gerührt. »Ich weiß, dass du es nicht allein des Gewinns wegen tust.« Und weil er ehrlich gerührt war, machte er keine Verse darauf.

»Nun ja«, meinte der Gladiator, »es ist auch deswegen, weil ich mich an euch gewöhnt habe.«

Apollonius wandte sich an Kreon. »Wenn du einverstanden bist, werde auch ich bei dir eintreten. Ich kann die Schreibarbeiten erledigen, Rechnungen aufstellen, säumige Schuldner mahnen – und was sonst noch dazugehört.«

»Ich danke auch dir«, sagte Kreon, »und werde dich ehrlich entlohnen.«

»Ja«, meinte der Dichter ein wenig traurig, »dann werde ich wohl nur noch nebenbei Verse schreiben.«

Lea legte ihm die Hand auf den Arm.

Apollonius lächelte. »Das hat den Vorteil, dass ich dichten darf, was mir gefällt. Des Geldes wegen werde ich nicht länger auf Leute angewiesen sein, die alberne Sprüche bestellen.«

»Mit euch bin ich schon jetzt reich!«, rief Kreon.

Lea drückte die Daumen . . .

Kreons Probe-Caligae gefielen. Noch mehr gefiel der Preis, den der junge Sandalenmacher nannte. Er lag ein Drittel unter dem, den andere bisher gefordert hatten.

Rasch berechnete der Beauftragte, wie viel er bei der Lieferung an das Heer für sich selbst aufschlagen konnte, und verbarg seine Freude geschickt. Fürs Erste erhielt Kreon den Auftrag, hundert Paar Caligae anzufertigen.

»Jetzt müssten wir die Werkstätte herzaubern können«, seufzte Apollonius.

Divinus schmunzelte. »Schon geschehen. Ich habe ein

leer stehendes Lagerhaus am Tiber gekauft. Es muss etwas umgebaut werden, aber das dürfte nicht lange dauern. Im Zeltlager vor der Stadt habe ich zwei Sandalenmacher aufgespürt. Es sind Gesellen aus Pompeji. Mit einem hat Kreon dort zusammen gearbeitet. Ich schmuggelte sie nach Rom herein. Jetzt machen sie Ordnung in der Werkstätte.«

Kreon, Apollonius und Lea blieb die Sprache weg. Sie schnappten nach Luft.

»Wie schön«, sagte Divinus. »›Danke, danke‹ hätte ich wirklich nicht mehr hören können! Vor Überraschung schweigen ist viel schöner.«

»Toll!«, rief Amos und Hercules kläffte dazu . . .

Auch alles andere ging gut.

In kurzer Zeit bekam Kreon genügend Arbeiter, die frei und keine Sklaven waren. Er und die Gesellen aus Pompeji lernten sie an. Meister Kreon entwickelte ein neues Verfahren. Er ließ das Paar Caligae nicht als Ganzes von einem Sandalenmacher anfertigen, sondern von mehreren Arbeitern in Einzelteilen. Die einen schnitten die Lederriemen zurecht, andere die Sohlen, dritte nähten die Stiefel zusammen, vierte beschlugen die Sohlen mit Nägeln. Das sparte Zeit. Die Abnehmer waren sehr zufrieden. Neue Aufträge kamen herein.

Und Kreon gab seinen Caligae einen Namen. Er nannte sie »Stiefel des Hercules«.

Fünf Jahre später

Helle Freude war bei Divinus. Im Park der Villa feierten zweihundert geladene Gäste – doch nicht den ehemaligen Gladiator, sondern Kreon und Lea, die vor einem Jahr geheiratet hatten. Vor kurzer Zeit waren sie Vater und Mutter geworden.

»Zweifacher Vater und gedoppelte Mutter«, sagte der freche Amos. Lea hatte Zwillinge geboren, ein Mädchen und einen Knaben.

Heute hatten sie ihre Namen bekommen: Esther und Marius. Das wurde gefeiert. Im Hause des Kreon wäre für so viele Gäste kein Platz gewesen; deshalb hatte Divinus in seinen Park geladen.

Die fröhliche Gesellschaft saß bunt durcheinander: Freunde der Familie, darunter Kreons Arbeiter mit ihren Frauen, Händler, Beamte und einige Offiziere.

»Onkel« Divinus hatte für Festmahl, Getränke und Musikanten gesorgt. Die Gäste ließen es sich schmecken und die Zwillinge hochleben. Die Festrede hielt »Onkel« Apollonius, der Dichter. »Mit Rücksicht auf einfache Gäste, die meine hohe Kunst nicht verstehen würden, werde ich nicht in Versen reden«, hatte er Divinus, Lea und Kreon erklärt.

Jetzt sprach er über die fünf Jahre, die »seit Pompeji« vergangen waren.

Ein Sklave schlug auf einen Gong. Die Gespräche verstummten. Die Gäste sahen auf den Dichter, der ein Podium bestiegen hatte.

Apollonius begann mit Pompeji. »Ja«, begann er, »so fing es an; damals vor fünf Jahren . . . Kreon war sechzehn, Lea vierzehn Jahre alt, als sie einander im Gutshof des Marius Corvus begegneten. In Pompeji herrschte geschäftiges Leben.

Kreon kam im Auftrag des Dichters Apollonius, um mit dem Gutsherrn wegen eines Geburtstagsgedichtes für Lea zu verhandeln. Marius Corvus war nicht zu Hause, für ihn empfing Lea den Gast.

Vom ersten Augenblick an fühlten sich die beiden zueinander hingezogen. Eine ehrliche Freundschaft begann.

Pompeji bereitete sich auf das große Fest für Kaiser Augustus, Kaiser Titus und den Feuergott Vulcanus vor.

Ein geheimnisvoller Judäer, den seine Leute den Wolf nannten, ließ von Apollonius ein Schauspiel verbessern, das er mit seiner Truppe in Pompeji aufführen wollte. Nachträglich fügte er Beleidigungen des römischen Kaisers ein. Er und seine Leute wurden verhaftet, eingekerkert – und befreit. Sie verschwanden dorthin, woher sie gekommen waren.

Marius Corvus heiratete Esther, die nun Lea und deren Bruder Amos eine ›richtige Mutter‹ wurde.

Kreon und Lea sahen einander häufig. Kreon wollte Lea eines Tages heiraten. Sie war einverstanden. Dass sie keine Geheimnisse vor ihren erwachsenen Freunden hatten, fanden Marius Corvus, Esther und der Dichter Apollonius großartig. Kreon durfte Lea im Gutshof besuchen.

Zum großen Fest kamen die berühmten Gladiatoren Divinus und Pulcher nach Pompeji, um die blutigen Spiele mit ihrem Kampf auf Leben und Tod zu krönen. Im Triumph zogen sie in Pompeji ein. Männer, Frauen und Kinder jubelten ihnen zu. Auch Kreon, Lea und Amos waren vom ›Gladiatorenfieber‹ ergriffen.

Mehr aus Spaß als im Ernst zog Divinus das Mädchen Lea vor sich auf seinen Rappen hinauf.

Das war zu viel für Kreon. ›Du Ziegenbock!‹, schrie er, sprang den Gladiator an, entriss ihm das Mädchen und stieß ihn vom Ross. Das war die erste Begegnung zwischen dem Germanen Divinus, der eigentlich Gisbert hieß, den Judäern Lea und Amos, dem Griechen Kreon und dem Römer Apollonius.

Die blutigen Spiele fanden nicht statt. Der Vesuv begrub Pompeji, Herculaneum, Stabiae und andere Orte unter Steinen und Asche. Mehr als zweitausend Menschen verloren ihr Leben. Unter ihnen waren Marius Corvus und Esther, seine Frau. Lea, ihr Bruder Amos und Apollonius entkamen dem Verderben – dank der Hilfe des Gladiators Divinus, der ihr Freund wurde. Mit ihnen rettete sich der kleine Mischlingshund Hercules.

Dem Hündchen und dem Gladiator verdankte es Kreon, dass er eine Werkstätte für Caligae eröffnen durfte. Divinus und Apollonius stiegen als Partner mit ein . . .

Ein Jahr nach der Katastrophe von Pompeji brachen Brände in Rom aus. Sie vernichteten den Tempel des Jupiter und neue Bauten am Marsfeld. Eine Seuche forderte zahlreiche Opfer.

Die römischen Juden sahen den Brand des Jupitertempels als göttliche Strafe für die Zerstörung ihres Tempels in Jerusalem an. Die römischen Christen betrachteten die Seuche als Ankündigung des Weltendes und Mahnung zur Buße.

Kreon, seine Freunde und seine Werkstätte blieben verschont. Er musste den Betrieb vergrößern.

Kaiser Titus ließ die Vollendung des riesigen Amphitheaters, das die Römer ›Kolosseum‹ nannten, mit Wagenrennen und Gladiatorenspielen feiern. Sie sollten hundert Tage dauern, doch der Kaiser brach sie vorzeitig ab. In Rom wurde getuschelt, dass er den Blutrausch nicht länger ertrage.

Zwei Jahre nach ›Pompeji‹ starb er, nur 42 Jahre alt, an unheilbarer Krankheit. Auch das sahen Juden wie Christen als Strafe Gottes an.

Aus Judäa kam die Nachricht, dass ein Mann, den seine Anhänger ›Wolf‹ nannten, in Jerusalem einen Aufstand gegen Römer und Römerfreunde angezettelt habe und an der Spitze der Rebellen gefallen sei.

Nach dem Tode des Titus wurde dessen Bruder Domitian römischer Kaiser. Er war herrsch- und ruhmsüchtig und ließ sich schon zu Lebzeiten als göttlich verehren. Mit vollen Händen warf er Geld hinaus. Um die kaiserliche Kasse aufzufüllen, belegte er besonders Juden mit hohen Steuern. Die Christen ließ er verfolgen, weil sie ihm göttliche Ehren verweigerten.

Dem Ruhm zuliebe verstärkte er die römischen Legionen in Germanien und Britannien. Dazu wurden weitere Legionäre eingezogen, die neue Ausrüstung brauchten. Auch Caligae von Meister Kreon.

Die ›Stiefel des Hercules‹ brachten immer größere Gewinne. Schon nach drei Jahren ließ Kreon ein geräumiges Haus neben die Werkstätte bauen, ein Jahr später heiratete er seine Lea. Bruder Amos erlernte das Handwerk des Schwagers.

In Rom wurden der Jupitertempel und die anderen vom Brand zerstörten Gebäude rasch wieder aufgebaut. Pompeji blieb begraben.

Jedes Jahr im August reisten Kreon, Lea, Amos und Apollonius zu der Stätte des Todes, um der Lieben von einst zu gedenken. Von Jahr zu Jahr erlebten sie immer eindrucksvoller das Wunder neuen Lebens.

Hitze und Kälte, Regen und Sturm gruben, zuerst kaum sichtbar, dann immer deutlicher, Risse in den Panzer des Todes und dieser zerfiel zu fruchtbarer vulkanischer Erde. Der Wind wehte Samen heran. Sie schlugen Wurzeln und setzten die Verwitterung fort. Zuerst vereinzelt, dann immer häufiger spross Grün aus dem Grau. Gräser wuchsen aus dem Boden. Angewehter Staub vermischte sich mit der vulkanischen Erde.

Im vierten Jahr nach der Katastrophe sahen Lea, Amos,

Kreon und Apollonius ein Lorbeerpflänzchen, das über dem Grab des Marius Corvus und seiner Frau Esther gewachsen war.«

»Leben aus dem Tod«, sagte der Dichter Apollonius und reimte nichts dazu.

»Kreon und Lea baten die Verewigten um ihren Segen.
›Ein Lorbeerblatt hat sich bewegt‹, behauptete Amos.
›Dabei weht nicht einmal ein Luftzug.‹
Die anderen hatten nichts gemerkt, aber sie nahmen es als gutes Zeichen.
Zehn Tage später wurden Kreon und Lea Mann und Frau.
Ende Mai des nächsten Jahres stellten sich die Zwillinge Esther und Marius ein . . .

Jetzt, nachdem sich Frau Lea erholt hat, feiern die glücklichen Eltern mit Freunden und Bekannten«, schloss der Dichter Apollonius seine Festrede.

Die fröhliche Runde klatschte Beifall. Becher stießen aneinander, wurden geleert und die Bedienungen kamen ins Schwitzen.

Ein Offizier, dem das Nachfüllen zu lange dauerte, fuhr ein Mädchen an: »He, Sklavin, soll ich dir Beine machen?!«

»Hier gibt es keine Sklaven«, erwiderte die Schöne.
»Wenn es dir zu langsam geht, hol deinen Wein selbst.«

Ein kaiserlicher Beamter fragte den ehemaligen Gladiator: »Ich weiß, dass du aus Germanien geraubt wurdest. Warum kehrst du jetzt nicht zurück?«

»Warum sollte ich?«, antwortete Divinus. »Seit meinem zehnten Lebensjahr lebe ich in Italien. Ich fühle mich als Römer. Die Sprache meiner Eltern habe ich fast verlernt. Mein Vater und meine Mutter leben nicht mehr. Außerdem habe ich hier eine Familie.« Er schmunzelte. »Vielleicht sagen die Zwillinge eines Tages ›Großvater‹ zu mir.«

»Darauf sollten wir trinken«, meinte der Gast. Sie hoben die Becher und stießen an.

Hercules bewachte alle. Er lag im Schatten eines Feigenbaumes und schnarchte.

Pompeji heute

Mehr als 1600 Jahre lang lag Pompeji unter Schutt und Asche begraben. Über das Grauen der Vernichtung wuchsen Gras, Büsche und Bäume. Im Laufe der Zeit vergaßen die Leute sogar den Namen. Sie sagten »die Stadt«, wenn sie von Pompeji redeten.

Legenden und Sagen spannen sich darüber. Abergläubische schlugen – besonders nachts – weite Bogen um die Stätten der Toten, über denen es angeblich spukte.

Dann kamen neue Siedler . . .

Die ersten Ausgrabungen begannen – vorerst in Herculaneum – um 1710. Dabei ging es den Männern hauptsächlich um Gold- und Silbermünzen und um antike Figuren aus Edelmetall. Die Auftraggeber scherten sich nicht darum, dass Wände und Fußböden zerstört wurden, die mit Gemälden und Mosaiken geschmückt waren.

1861 machte König Victor Emanuel II. von Italien der Profitgier ein Ende.

Der Ingenieur Giuseppe Fiorelli, der 1860 zum Leiter der Ausgrabungen ernannt worden war, erhielt besondere Vollmacht. Ihm ist es zu danken, dass wir heute wissen, wie Pompeji einst ausgesehen hat und wie Menschen und Tiere unter Steinen und Asche umgekommen waren.

Giuseppe Fiorelli erfand den »Pompejanischen Gipsabguss«. Er erkannte, dass die verhärtete Asche, die

Menschen und Tiere umschloss, deren Formen bis in die kleinsten Einzelheiten angenommen hatte. Die Körper waren zerfallen, ihre Formen als Hohlräume geblieben. Fiorelli ließ sie mit Gips ausgießen und gewann erschütternde Plastiken.

In den Trümmern der Gladiatorenkaserne wurden u. a. die Abgüsse einer Frau und eines Gladiators gemacht, die miteinander den Tod gefunden hatten; im eingestürzten Isistempel die von Priestern, um die Goldmünzen verstreut lagen; in einem zerstörten Haus der Abguss eines Hundes, der sich an einer Kette erwürgt hatte. Und immer wieder Männer und Frauen mit Gold- und Silberstücken, vermutlich Wohlhabende, die ihren Reichtum retten wollten.

Da lag eine Mutter, die ihr Kind an sich drückte, dort ein Treiber neben seinem Maultier.

Der Tod hatte Familien beim Mahl überrascht, Leute beim Brettspiel und während der Flucht aus dem Amphitheater.

Ausgegraben wurden die Trümmer des Forums und seiner Tempel, das Haus des Dichters, die Straße des Überflusses mit ihren Palästen, die Schänke des Euxinus, das Amphitheater und Gutshöfe vor der Stadt ...

Heute ist das »alte Pompeji« eine Touristenattraktion. Ansichtskarten, die im Vordergrund die freigelegten Ruinen und dahinter den Vesuv zeigen, flattern zu tausenden in alle Welt.

Dem nachdenklichen Besucher vermittelt das antike

Pompeji ein Bild altrömischen Lebens, wie es eindrucksvoller nicht sein kann. Besonders wertvolle Bilder, Mosaiken und Statuen sind im Archäologischen Nationalmuseum in Neapel ausgestellt.

Der Besuch lohnt sich auch dort.

Und nimm dir Zeit.

»Festina lente«, sagten die alten Römer. »Eile mit Weile.«

Das gilt besonders für Pompeji.

Wort- und Sachverzeichnis

Ädil (Aedil): altrömischer hoher Polizeibeamter. In Pompeji gab es zwei Ädilen. Einer war u. a. für die öffentlichen Spiele verantwortlich.

Aigina (Ägina): griechische Insel, etwa 30 km südwestlich der Hauptstadt Athen.

Amphitheater: mächtiger ovaler Bau ohne Dach. Die aufsteigenden Sitzreihen sind um die Arena herumgebaut. Das Amphitheater von Pompeji hatte etwa 12 000 Sitzplätze.

Amphore war ein zweihenkeliger Krug, der nach unten spitz zulief. Gefüllt wurde er zur Hälfte eingegraben oder in einen Dreifuß gestellt. Verschlossen wurde die Amphore mit Kork, Harz oder Gips.

Aramäisch war im ersten nachchristlichen Jahrhundert die in ganz Vorderasien verbreitete Sprache des Volkes. Jesus redete und lehrte aramäisch. (Das Hebräische war die Hochsprache jüdischer Schriftgelehrter.)

Arena: hier Kampfplatz im Amphitheater. Zur Römerzeit wurden dort nicht nur sportliche Wettkämpfe, sondern auch »blutige Spiele« zum Vergnügen der Zuschauer veranstaltet. Profikämpfer (Gladiatoren) schlachteten einander ab, wilde Tiere wurden auf Menschen gehetzt . . .

Atrium: Hauptraum des altrömischen Hauses. Charakteristisch ist die Öffnung in der Dachmitte.

Audienz: offizieller Empfang beim Herrscher oder anderen hoch gestellten Persönlichkeiten.

Bacchanalien: altrömisches Bacchusfest; ausgelassenes Treiben zu Ehren des Weingottes, meist mit wüstem Trinkgelage.

Caligae: Einfache römische Soldaten trugen grobe Sandalen. Die Sohlen waren mit Nägeln beschlagen. Das Oberteil bestand aus Lederriemen, die den Fuß fest umschlossen und die Zehenspitzen frei ließen.

Capua: Die heutige Stadt liegt nordwestlich von Neapel, das antike Capua lag etwa 4 km südöstlich. In altrömischer Zeit war dort eine berühmte und berüchtigte Gladiatorenschule.

Colosseum (Kolosseum): riesiges Amphitheater im alten Rom; heute als mächtige Ruine eine Touristenattraktion.

Decurio: hier ein römischer Unteroffizier.

deklamieren: ein Gedicht aufsagen.

Dinkel: einfache Weizenart, die heute (unreif geerntet und dann getrocknet) als »Grünkern« bekannt und beliebt ist.

Domitian(us): als Nachfolger seines Bruders Titus römischer Kaiser; wurde 96 n. Chr. ermordet.

Epos: erzählende Dichtung in gehobener Sprache; berichtet von Göttern, Geistern und Helden eines Volkes.

Europa ist hier nicht der Erdteil, sondern die sagenhafte Jungfrau, der unser Erdteil den Namen verdankt. Der griechischen Sage nach war Europa die wunderschöne Tochter eines phönikischen Königs. Der Göttervater Zeus verliebte sich in sie, verwandelte sich in einen weißen Stier und entführte sie auf die Insel Kreta. Als fliegender Bulle imponierte er der Jungfrau Europa sehr. Auf Kreta schenkte sie ihm drei Söhne: Minos, Radamanthys und Sarpedon. Weil ihr Vater ein Gott war, waren die Knaben Halbgötter. Die Sage erzählt viel Abenteuerliches aus ihrem Leben.

Forum: Versammlungs- und Marktplatz in altrömischen Städten.

Freigelassene waren ehemalige Sklaven, denen die Freiheit geschenkt worden war oder die sich mit eigenen Ersparnissen freigekauft hatten. Im alten Rom finden wir Freigelassene in angesehenen Berufen. Sie arbeiteten als geschickte Handwerker, waren Lehrer, Ärzte, Rechtsanwälte, Schriftsteller und stiegen sogar in kaiserliche Hofämter auf.

Gallien: römische Provinz; hier »Gallia transalpina«, das heutige Frankreich und Belgien.

Geld: In altrömischer Zeit gab es Gold-, Silber-, Messing- und Kupfermünzen:
1 (goldener) Aureus = 25 (silberne) Denar,

l Silberdenar = 4 Sesterz (Messing),
l Sesterz = 4 As (Kupfer oder Bronze).
Für den täglichen Lebensunterhalt brauchte ein Ehepaar etwa 4 Sesterz (l Denar).

Gladiatoren waren »Schaufechter« in Kampfspielen. Zum Vergnügen der Zuschauer kämpften sie in der Arena auf Leben und Tod. Es gab Gladiatoren, die mit dem bleigefütterten Fausthandschuh zuschlugen; »Retiarier«, die den Gegner mit dem Wurfnetz einfingen und dann mit dem Dreizack zustießen; und Kämpfer mit Schwert und Schild. Ein Unterlegener, in dem noch Leben steckte, konnte die Zuschauer durch Heben eines Fingers der linken Hand um Gnade bitten. Wenn das Volk die Daumen nach oben hielt, durfte der Begnadigte weiterleben. Zeigten die Daumen nach unten, folgte der Todesstoß. Daumen nach oben gab es selten.

Götter (römische und griechische):

> *Jupiter* (griechisch Zeus): oberster Gott, Beherrscher des Weltalls, Gott des Himmelslichtes, Blitzeschleuderer.

> *Juno* (griechisch Hera): Schwester und Gemahlin des Jupiter, Schutzgöttin der Familie und der Frauen.

> *Minerva* (griech. Athene): Göttin der Weisheit, der Künste und des Handels.

> *Apoll(o)* (griechischer Beiname Phoibis, »der Lichte«): Sonnengott, Gott der musischen Künste.

Venus (griech. Aphrodite): Göttin der Liebe und der Schönheit.

Bacchus (griech. Dionysos): Gott des Weines und der Fruchtbarkeit.

Mars (griech. Ares): Kriegsgott.

Neptun (griech. Poseidon): Gott des Meeres.

Diana (griech. Artemis): Göttin der Jagd.

Ceres (griechisch Demeter): Göttin der Erde und der Feldfrüchte.

Mercur(ius) (griechisch Hermes): Gott des Handels und der Diebe.

Vesta (griech. Hestia): Göttin des Herdfeuers.

Vulcanus (griechisch Hephaistos): Gott des Feuers und der Schmiede.

Hercules (griechisch »Herakles«): Halbgott, Sohn des Zeus und der Königin Alkmene; vollbrachte sagenhafte Heldentaten. Die Bewohner von Herculaneum behaupteten, dass er ihre Stadt gegründet habe. Dort und in Pompeji wurde er als Gott verehrt.

Iberische Halbinsel: heute Spanien und Portugal.

Imperator war im alten Rom zunächst der Titel siegreicher Feldherren; später bedeutete er so viel wie »Kaiser«.

Isis: altägyptische Himmelsgöttin, die auch in Pompeji verehrt wurde. Der Sage nach erweckte sie ihren Gemahl Osiris, der von seinem Bruder Seth getötet worden war, zu neuem Leben. Sie galt besonders als Beschützerin der Kinder.

Kapitol: hier Regierungspalast.

Kentauren: altgriechische Fabelwesen mit menschlichem Oberkörper, Pferdeleib und Pferdebeinen.

Klassisches Versmaß: Hier »reimt« sich nichts, hier kommt es auf die Betonung der einzelnen Silben an. Zu den klassischen Versmaßen gehören »Hexameter« und »Pentameter«. Hexameter ist ein »sechsfüßiger« Vers, Pentameter ein »fünffüßiger«. Die Namen kommen aus dem Griechischen. Hier alles genau zu erklären würde zu viel Platz brauchen. Leute, die sich auskennen (eure Lehrer zum Beispiel), erklären es euch bestimmt gerne. (Beispiele in dieser Geschichte sind die Verse des Apollonius.)

Krater: hier der Auswurftrichter eines »Feuer speienden Berges« (eines Vulkans).

Lanista: Besitzer einer Gladiatorenschule. Die Lanistae leiteten die Ausbildung der Schaukämpfer. Die meisten waren wegen ihrer unmenschlichen Härte ziemlich gefürchtet.

Lava: feurig-flüssiges Gestein, das bei Vulkanausbrüchen aus dem Krater quillt, den Berghang hinunterfließt und dann erstarrt.

Legion: hier eine römische Heeresgruppe von etwa 6 000 Mann. Die Dienstzeit der Legionäre betrug in der Regel 20 Jahre.

Libation: Trankopfer.

Marsfeld (lateinisch »Campus Martius«): Versammlungs-, Aufmarsch- und Exerziergelände im alten Rom.

Mosaik: Einlegearbeit aus bunten Stein- oder Glasstückchen; bei den alten Römern auf Fußböden oder an Wänden. (Als eine Art moderner Mosaiken könnte man die Puzzles ansehen.)

Muräne: aalförmiger (ein bis eineinhalb Meter langer) Raubfisch, dessen Biss giftig ist. Die Mittelmeermuräne gilt als sehr schmackhaft. Altrömische Schlemmer züchteten sie in Fischteichen.

Neapolis: heute Neapel in Süditalien.

Nubier: Schwarzafrikaner aus Nubien (heute Sudan).

Odysseus: altgriechischer listenreicher Sagenheld. Im Trojanischen Krieg ließ er während der Belagerung der Stadt Troja ein riesiges hölzernes Pferd bauen, in dessen hohlem Körper sich griechische Kämpfer verbargen. Dann zog das Griechenheer scheinbar ab. Die Trojaner sahen das hölzerne Pferd als Kriegsbeute an, zogen es in ihre Stadt und feierten ein Freudenfest. In der Nacht stiegen die Feinde aus dem Pferd heraus und öffneten das Stadttor. Die heimlich zurückgekehrten Griechen überfielen die Trojaner im Schlaf und steckten die Stadt in Brand. Die Heimkehr des Odysseus dauerte dann viele Jahre. Der Dichter Homer (der im neunten Jahrhundert v. Chr. gelebt haben soll) beschreibt die Irrfahrten und Abenteuer des Odysseus in der »Odyssee«, einem großen Heldengedicht in Hexametern.

Olympischer Lorbeer: Von 776 v. Chr. bis 393 n. Chr. fanden in der griechischen Weihestätte Olympia alle vier Jahre die »Olympischen Spiele« statt. Die Sieger erhielten Kränze aus Ölbaumzweigen, volkstümlich »olympischer Lorbeer« genannt. – 1896 wurden die Olympischen Spiele unserer Zeit durch Baron Pierre de Coubertin ins Leben gerufen.

Omen: gutes oder schlechtes Vorzeichen.

Orakel: Stätte, an der Götter durch Seherinnen oder Seher geheimnisvolle Weissagungen verkündeten. Als »Orakel« wird auch die Weissagung selbst bezeichnet.

Palästra: hier Sport- und Übungsstätte.

Penelope: Gattin des Odysseus. Der Sage nach wartete sie 20 Jahre lang auf die Heimkehr ihres Gemahls.

Phönix: sagenhafter Vogel, der aus der eigenen Asche wieder aufersteht.

Pinie: Kiefernbaum der Mittelmeerländer mit schirmartiger Krone und essbaren Samen.

Porta: lateinisch für »Tor« (Stadttor).

Prätorianer: kaiserliche Leibgarde im alten Rom.

Rabbi: hier jüdischer Schriftgelehrter.

Sarnus: Fluss bei Pompeji (heute »Sarno«).

Stabiae: antike Stadt, zusammen mit Pompeji und Herculaneum im Jahre 79 n. Chr. verschüttet. (Heute: Castelammare di Stabia).

Surrentum: Hafenstadt am Golf von Neapel.

Thermen waren öffentliche Bäder mit viel Komfort. Man stieg in Kalt-, Lauwarm- und Warmwasserbecken, plauderte, ließ sich massieren und nahm (wenn man Appetit hatte) einen Imbiss zu sich.

Titus: römischer Feldherr, von 79 n. Chr. bis 81 römischer Kaiser. Im Jahre 70 ließ er Jerusalem und den jüdischen Tempel zerstören. An seinen Sieg erinnert heute noch der »Titusbogen«, ein Triumphdenkmal auf dem antiken Forum in Rom. Die Reliefs zeigen siegreiche Legionäre, gefangene Judäer und geraubte Tempelschätze.

Toga: knöchellanges Gewand freier römischer Bürger.

Triere: »Dreiruderer«; antikes Schiff mit drei Ruderreihen übereinander.

Uräusschlange: Brillenschlange; im alten Ägypten als goldenes Abbild an Königskrone und Königinnenhaube Symbol königlicher und göttlicher Macht. (Die Pharaonen galten als Gottkönige.)

Vespasian(us): von 69 bis 79 n. Chr. römischer Kaiser; Vater der späteren Kaiser Titus und Domitian.

Vesuv (lateinisch »Vesuvius«): Vulkan am Golf von Neapel, 1277 m hoch; bekanntester Ausbruch 79 n. Chr. Weitere Ausbrüche folgten in längeren Zeiträumen, darunter ein größerer im Jahre 1944. An den unteren Hängen wird heute noch Wein angebaut (u. a. die »La-

crimae Christi«). Heute ist der Vesuv ein beliebtes Aus-
flugsziel.

Via: lateinisch für »Straße«.

Vision: übernatürliche Erscheinung.

Die wunderliche Reise von
Oliver und Twist

„Wer Oliver Twist von
Charles Dickens kennt,
wird dieses Buch lieben."
Stern

Antonia Michaelis
**Die wunderliche Reise von
Oliver und Twist**
3-7855-4626-2
160 S., gebunden, ab 9 Jahren

Es ist Mai 1856, als der Waisenjunge Oliver auf einer stau-
bigen Landstraße in den Weiten Schottlands von einem
Dackel angesprochen wird. Der Dackel hört auf den Namen
Twist, schreibt Bücher mit einem Herrn namens Charles
Dickens, und ist entführt worden. Behauptet er. Kurz darauf
befinden sich zwei ungleiche Helden mitten in einem wun-
derlichen Abenteuer, das sie quer durch England führt.

Loewe

DIE GROSSEN SAGEN

Auguste Lechner
Die
Nibelungen

Der mächtige Sagenstoff unserer Vorzeit wird hier ungewöhnlich spannend, wuchtig und groß gesehen, bei aller Stofftreue überraschend neu und packend in die unserer Zeit entsprechende Form gebracht. Sprache und Stil bezaubern. Die Spannung wächst von Seite zu Seite zu geradezu hämmernder Wucht.
Der Stoff hat schon Generationen begeistert. Er rückt hier – fast unheimlich gegenwärtig gemacht und zeitnah – in das Bewusstsein der modernen jungen Welt.
Mitteilungsblatt des Katholischen Landeslehrervereins, Salzburg

216 Seiten. Arena-Taschenbuch – Band 1319. Ab 12

Arena

Josef Carl Grund

Gefahr für den Pharao

Verschwörungen im alten Ägypten

Pharao Echnaton hat alle Götter Ägyptens für
abgesetzt erklart und stattdessen Aton, die
Sonne, zur alleinigen Gottheit ernannt. Doch die
verfolgten Priester des früheren Obergottes
Ammun planen eine Verschwörung gegen den
Pharao. Die Jungen Keti und Semnut werden
unfreiwillig in diese Geschichte hineingezogen.
Und sehr bald ist ihnen nicht mehr klar, welche
Seite im Recht ist.— Eine spannende Geschichte,
die das nur allzu aktuelle Thema
des religiösen Fanatismus aufgreift.

224 Seiten. Arena-Taschenbuch. Band 2870.
Ab 10

Arena

Josef Carl Grund

Zwei Leben für Hannibal

Abenteuer aus der Zeit der Karthager

Bei der Geburt von Chero, dem Sohn eines kartha-
gischen Hauptmanns, verknüpft eine seltsame
Prophezeiung das Leben des Jungen mit dem
Hannibals. In der Hoffnung, diesem zu schaden,
trachten Hannibals Feinde dem Jungen schon als
Saugling nach dem Leben. Deshalb muss Chero
seine ganze Kindheit untèr standiger Bewachung
verbringen. Schließlich gelingt es ihm nach
Spanien zu entkommen. Doch auch diese Flucht
bringt ihm noch nicht die ersehnte Freiheit ...

224 Seiten. Arena-Taschenbuch. Band 2871.
Ab 10

Arena